繁盛店の知恵から学ぶ

飲食店の「売り方・販促」工夫集139

JN109552

いわさき グループ 著

まえがき

この度は「飲食店の売り方・販促工夫集139」をお手に取っていただき、誠にありがとうございます。

2011年に『繁盛飲食店の販促サービス140』を初めて出版してから、早いもので10年以上の歳月が経ちました。当時は、まだSNSの普及も始まったばかりで、多くの飲食店にとって口コミやチラシ、クーポンといった伝統的な販促手法が一般的でした。それがいまやテクノロジーの進化とともに、SNSを活用したマーケティングが主流となり、多くの飲食店がオンラインでの存在感を高めるための取り組みを行っています。さらに、予約システムやデリバリーサービスの導入、キャッシュレス決済の普及など、消費者のライフスタイルやニーズに応じた柔軟な対応が求められるようになりました。しかし、飲食店は、他の産業とは異なり、その業種・業態・地域特性・立地等によりその販売促進の手法も多岐にわたります。

本書は、2011年の初版からの経験と知見を基に、新しい時代に対応した販促アイデアを集めました。取り上げるアイデアは、WEBマーケティングや個食・少人数利用、テイクアウトなど、今の飲食店のキーワードとなる内容をはじめ、昔ながらの手法をより強化したものまで、様々なアイデアがあります。

目まぐるしく環境が変わる中で、繁盛を築く飲食店の多くは、メニュー力を磨き、どう魅力的に売るかに砕心し、現代のお客のライフスタイルに寄り添った内容を試行錯誤していることが、本書を通じてお分かりいただけると思います。

これらの事例が、皆様の飲食店運営において、新たな視点やインスピレーションをもたらし、地域に愛されるお店づくりの一助となることを、心から願っております。

いわさき　グループ

INDEX

2章 他店と差をつける、メニュー開発と売り方……32

INDEX

5章 物販・テイクアウト・宅配・通販ニーズを捉える！……102

INDEX

6章 アルコール、ノンアルコールドリンクの販促術 …… 124

7章 クーポン、ポイントカード、プレゼント販促の注目アイデア……146

オリジナル
ドリンク
1杯無料
本日の
日替わり
2割引き

INDEX

9章 集客力アップ！メニュー表、POP、店舗づくり、店頭PR …… 188

INDEX

[1章]

注目の
WEB販促＆
テクノロジー
活用法

001

料理の奥深さを伝える情報で、若者層を集める

マニアックなSNS動画で客数増

飲食店でもSNS動画による店の紹介が当たり前になった今日、アクセス数を上げるには、その動画に高い魅力が必要で、それがないと集客に結びつきにくい。ある焼肉店では、SNSの活用を強化した結果、若者層の利用が増え、新店を開業し評判を呼ぶほどとなっている。

同店のSNS動画は、店紹介やメニュー紹介だけではなく、肉の仕込みや、レシピを公開したタレの作り方、様々な検証動画といった他では見られないマニアックな内容。その中に、店の宣伝をほどよく織り込んだ。視聴者は、焼肉の奥深さを知ることで動画に興味を持ち、そこから店や料理に関心が移る、という流れになっている点が他のSNSにない特徴だ。

この店の動画SNSのチャンネル登録者数は47万人以上に上り、視聴するの

は若者層が多いことから、同店では、これまでの30〜50歳台だった主客層に、SNSを視聴した20歳台のお客が少しずつ増え、客数の底上げに成功している。

POINT

- レシピを公開した焼肉のタレは店内でも販売するほか、地元スーパーや通販でも取り扱いを開始。
- タレなどの調味料は、店内売り以外の販路を開拓することで、新たな売上の柱にできる。
- SNS動画では、肉や魚のさばき方、野菜の切り方、だしの引き方など、様々なプロの技術を分かりやすく発信することで話題を集めやすい。

002

迫力満点の丼を食べるために、わざわざ若者客が来店

映える裏メニューで、若者を集客

ある鮮魚割烹店では、従来の中高年の客層に加え、新たに若者層の利用を狙って、ランチ時に特別感のある「裏メニュー」シリーズを発売。人気を集めている。このシリーズは、魚介や黒毛和牛などの高級素材を使い、豪快に盛り付けた丼。価格は2000円以上するが、その迫力が「インスタ映えする」と若者客が競ってネットで拡散。「裏メニュー」という、通常ではオーダーできない特別感もあり、人気を得ている。

一般には若者層ほど比較的低価格帯利用が多いというイメージは強いが、SNSに投稿でき、閲覧者数が増やせそうな迫力という魅力のメニューは、高額でもわざわざ店に行って食べるという動機につながる。従来のイメージに囚われず、高額メニューで〝映える〟メニューを構成することも、集客のきっかけになる。

POINT

・一目見て豪華と分かる食材を、てんこ盛りにしてインパクトを高め、「裏メニュー」としての特別感を演出。
・2000円以上というやや高めな値付けも、SNSに投稿した若者にとって、ご馳走を楽しんだ満足感を呼ぶ。

003

利用者がSNSで紹介したくなる、楽しいサービス

撮影グッズで、SNS紹介率が高まった

ある焼肉店では、その店で撮影した写真がインスタグラムやフェイスブックなどでよく紹介されている。

その理由は、お客が撮影のときに使える小道具をいろいろ揃えているからだ。「I LOVE肉」「おにく だいすき」と手書きしたプレートや、牛の角の付いた帽子など、手づくりのものが中心で、無料で貸し出している。

来店客の半分以上が、それらの撮影グッズを使って写真を撮るという。さらに、その写真をインスタグラムやフェイスブックにアップするお客がほとんどだという。

POINT

- 撮影グッズは客席で見せて、選んでもらう。グループ客などは、この時点から盛り上がるという。
- アップするときに店名を表記してもらえるので、宣伝効果も大きい。

004

「写メで撮って読みやすい」と好評の、店内に貼り出したPOP
スマホ画面の比率サイズで、豆知識を

あるバルでは、店で提供するワインの説明、日本酒の説明など、酒の知識を定期的に店内にPOPとして貼り出しているが、その用紙を工夫し、お客に喜ばれている。

その工夫とは、用紙をスマホ画面の縦横比率にしたこと。そして、「スマホで撮影して保存して役立ててください」とも書き添えた。この用紙には同店の店名も明記しており、後日、店のことを思い出してもらえるだけでなく、写真がSNSで拡散されると店名も広まる。この用紙を撮影するお客は増えているという。

POINT

- スマホ比率の「縦長」画面は、若者層にとっては見慣れていて、見やすいと感じてもらえる。
- 店を何気ない形で意識してもらえる、スマートなアピール方法といえる。

005

“苦手”でも、飲食店という括《くく》りにこだわらず気軽に始めよう

趣味の情報をSNS発信して新規客増

あるそば店では、店主の趣味がサーフィンということから、SNSで「波情報」の投稿を開始。さらに女性に人気の別のSNSも連動させ、店の情報やメニューを発信し、上手な使い分けで店情報の拡散に役立てている。

SNSを使い慣れていなくても、若手スタッフの知恵を借りたり、SNS各社の特性に沿った使い方をすれば、お客に店情報のアピールをすることができる。

POINT

- SNSで発信する内容は、慣れないうちは何を投稿すべきか悩むが、自分が好きなことは語りやすいはず。気負わず、まずは飲食店と関係のないことでもよいので、気軽に始めてみよう。
- SNSが苦手なら、若手スタッフの力を借りるのも手。そのスタッフと同世代の客層からの共感も期待できる。

006

SNSに馴れた若手スタッフの力を借りて、ネットでの告知を強化

SNSフォロワーを伸ばす、老舗個人店

インターネットを導入する店が増えている。ただ、個人的なSNSには慣れていても、営業のかたわら、店の告知に利用するのは、個人店では心理的な負担が大きく、長続きしないものだ。

ある老舗すし店では、70歳を超えるご主人がSNSを開設し、新しくコース料理や料理の提案を行い、フォロワーを伸ばしている。元々は20代のアルバイトスタッフに教わって始めたもので、現在もそのスタッフと打ち合わせをして記事を作り更新。スタッフの発想を取り入れることで、経営者の年齢に関係なく、ネットで新規客の開拓にも役立てている。

POINT

- SNSへの投稿は、料理の写真とともに、料理内容を紹介することで注目されやすい。また、スタッフの紹介など、働く人に焦点を当てることで、店への興味を引くことができる。

007

業種の英語表示で、海外客の関心が高められる

WEB上で行えるインバウンド対策

訪日外国人観光客は、大都市はもちろん、地方の小都市にも関心を寄せて訪れるケースが増えている。飲食店でも、観光地では「来店客の8割が外国人」という店もあり、インバウンド強化は大きなテーマだ。

そこで注目したいのが、ウェブの対策。多くは、Googleのページ作りを工夫している。Googleではお店を検索すると、Googleマップに飲食店が表示されたり、公式ページの類のようなものでお店の情報やレビューが表示されるが、このページのアカウントをしっかり管理することで訪日客の集客も大きく変わる。

例えば、ある回転すし店は、Googleの公式ページで英語の店名として「conveyor-belt sushi」と表記。海外の人たちは回転ずしのことを「コンベアベルトスシ」と認識しているのがほとんどのため、そのように表記を変更することで、

インバウンド客の集客を高めている。
他にも「ramen」「wagyu beef」「matcha」「omakase」など、訪日客へのフックとなる飲食関連の検索キーワードは数多くある。それらをウェブやSNS上で打ち出すのはもちろん、店頭看板やメニューブック等でも掲げることで、さらなるインバウンド客の誘引に繋げていきたい。

008

オンラインツールを活用し、〝店と常連客〟の絆をつくる

有料Ｚｏｏｍ交流会

ある居酒屋ではコロナ禍の休業要請中に、Ｚｏｏｍ（ネット交流アプリ）を使った常連客との有料交流会（参加費１０００円）を開いた。内容は、店主がすすめる自宅で簡単に作れるアイデアおつまみの紹介。参加者には事前にコンビニで買える材料を２～３品用意してもらい、その調理工程を披露していったのだ。

さらに、この有料Ｚｏｏｍ交流会の参加者には、営業を再開した際に使えるドリンク無料券３枚プレゼントの特典を付けた。するとほとんどの参加者が、営業再開後に来店してくれたのである。そして、実際に店で会えるようになったにも関わらず、今後も定期開催を望む声が上がった。

POINT

・お店とは違った特別感や非日常感が味わえ、イベントとしても有効。

009

カルパッチョを、アフタヌーンティーの器に盛り付け

意外な器づかいで、SNSで大拡散

あるレストランのカルパッチョは、毎日のようにSNSで拡散されるほどの人気メニューである。アフタヌーンティーセットの2段の器を活用しており、内容は「本日のカルパッチョ」の魚から2種類を選んでもらう。また、上段と下段で味付けを変えられるようにしている。

多くのお客が食べる前に写真を撮ってSNSに投稿し、大好評。そこで、この2段の器を活用したサラダメニューの開発も予定している。

POINT

- 異業種の器を用いた、「見ばえ＋意外性」の強み。2段の構造を生かし上下で味を変える工夫も巧妙。
- SNS映えする商品力で話題を呼び、さらにサラダでも展開する予定とのこと。サラダは1品目として注文されがちな商品だけに、高い効果が望めそうだ。

010

コロナ禍に通販・テイクアウトで売れた「コンロ付き」メニュー

動画投稿サイトで〝楽しさ〟を伝える

コロナ禍に業績を伸ばしたのが、通販やテイクアウト。中でも外食のレジャー感を打ち出して好調だったのが、食材を調理する「コンロ付き」メニューだ。ある焼とり店は、銘柄鶏使用の本格焼鳥を自宅で楽しませる「焼鳥ミールキット」「専用焼台」をネット販売。焼台は小型の電気式ヒーターで、焼き方のアドバイスを動画投稿サイトで行なった。

また、あるシュラスコ専門店は、使い捨てコンロ付きバーベキューセットをテイクアウト販売。使い捨てコンロは段ボール製で、竹炭や火山石が付き、着火すれば5分ほどで使用できる。こちらも動画投稿サイトで情報を発信し、大好評となった。

POINT

・動画投稿サイトと連携し、楽しさ、手頃さを広くアピールする。

011

個人店でも利用可能なネットサービスを活かし、売上増に
セルフオーダーシステムで、売上大幅増

ある串揚げ店では、セルフオーダーシステムを導入したところ、「お客の注文のし忘れ」や「追加注文したいけど、忙しそうな店員を呼ぶのを遠慮する」といった機会ロスがなくなり、客単価が500円近くアップ。売上も大幅アップに成功した。

また最近は「LINE」が、飲食店向けのサービスを展開。予約フォームやモバイルオーダーなどの機能を利用でき、そこから顧客情報を分析することで、「LINE公式アカウント」を使ってクーポン券やフェアなどの販促情報を発信することができるもので、一連の集客サイクルを、LINE一つでまかなうことができる。

POINT

- LINE公式アカウントで顧客とつながることで、直接的な販促が可能となり、予約数やリピート数の増大につながる事例も多い。

[2章]

他店と
差をつける、
メニュー開発と売り方

012

盛り付け、見せ方の工夫で、定番人気商品を名物料理に

定番人気の揚げ物を、人気絶大商品に

居酒屋で人気商品の上位に入る揚げ物メニュー。熱々の美味しさ、酒が進む美味しさが魅力で定番となっていることが多いが、メニュー自体はシンプルなものが多い。

そうした中、ある居酒屋ではカニクリームコロッケとアジフライを、ひとひねりした盛り付けと提供法で付加価値を高め、人気を集めている。そのメニューとは、以下の内容。

カニクリームコロッケは、具材のカニのほぐし身をこんもりと盛り付けた。揚げたてのコロッケにこのひと手間を加えるアイデアで、コロッケという見た目に特徴のない料理に、インパクトを工夫して豪華さをプラスした。

アジフライは、惣菜店などで揚げ物の持ち帰りの際に用いる油紙の袋に入れ

て提供。手持ちで食べられる点も楽しいと女性客にも好評だ。両メニューとも、SNS画像に撮るお客が続出する人気メニューとなっている。

POINT

- 揚げ物メニューが、インパクトのある盛り付けで付加価値メニューに変身。居酒屋らしい遊び心も好評だ。
- 揚げ物メニューは、元々が見た目の華やかさに欠ける〝茶色い〟料理なので、見せ方の工夫次第でインパクトのあるメニューにすることができる。

013

驚きの見た目が好評で、SNSでのアップにつながった

フタを開けて一目で驚く海鮮他人丼

ある和食店では、ランチの持ち帰り専用丼として「海鮮他人丼」を始めた。マグロやタイ、カンパチの刺身の上にイクラをのせた丼で、魚介は日替わり。特徴的なのが盛り付けで、ご飯に盛り付けた魚介の上一面に、イクラをのせたこと。フタを開けると、「あれ？イクラ丼じゃないか？」と一瞬驚くが、その下に刺身があるという仕掛けだ。

購入したお客の多くが、イクラ一面の写真と、その下の刺身を見せた写真の両方をSNSでアップしてくれるという。

POINT

- 同店のこの丼は、1個700円（税込）という手軽さ。この価格も、「この価格でこの魚介のボリューム！」と、驚きをいっそう高めた。
- SNSでのお得感の宣伝効果で、夜の時間帯にも客数が増えた。

014

ペペロンチーノや釜玉うどんを、ご馳走に仕立てた売り方で好評…

ご馳走感で満足度を高めた麺メニュー

ご馳走感のある麺料理で、満足感を高める売り方を行って人気の店がある。

あるイタリアンでは、カラスミとレモンオイルでマリネした生シラスをたっぷりトッピングし、シンプルなペペロンチーノをご馳走化した。またあるうどん店では、高級バターやブランド卵、高級本枯れ節、高級海苔とトッピング素材にこだわった釜玉うどんを、「究極」と謳《うた》って提供。焼き海苔箱を添え、お客が好みの加減に海苔を炙ってのせる楽しさでもご馳走感を高めている。

POINT

- ご馳走感が伝わるよう、分かりやすい高級食材を使うのがポイント。
- 必ずしも食材にこだわらずとも、調理や仕入れに手間がかかっていることなどを説明すれば、家では味わえない体験ができると感じてもらえる。

015

セルフで焼くハンバーグが話題に

高コスパ&映えるビジュアルのハンバーグが、SNSで拡散中

いま外食メニューのトレンドで、勢いを増しているハンバーグ。幅広い層に好まれる王道メニューの強みに加え、メイン料理としての商品力、パテをはじめソースやトッピングのバリエーションで独自性を打ち出せるなど、各店の工夫が光る。そうした中、ハンバーグを焼肉スタイルで楽しませ、新しい価値を作っているメニューが登場し人気を集めている。

ある焼肉店では、和牛の各部位を混ぜ込んだ「和牛レアハンバーグ」を提供。表面を強火で炙ってから、お客に好みの焼き加減に仕上げてもらっている。和牛の上質な脂が上げる炎や香りは、ビジュアルのシズル感がかなり強い。さらに、セットのトリュフが香る卵黄をつけるのが店推奨の食べ方だが、そのままでも満足できるほど味はしっかりついており、食べごたえもある。

高コスパ&映えるビジュアルの「和牛レアハンバーグ」は、SNSでの拡散によって一躍人気メニューとなり、来店動機に直結する強力なキラーコンテンツとなっている。

POINT

・ハンバーグ単品を主力商品とする新業態店が増えている。個性が出しやすいハンバーグを、これからの売り物にしたい。

016

鍋料理利用のお客に喜ばれる、手軽なスピードメニュー

脇役の充実で、鍋料理の魅力アップ

酒の店で、冬場に欠かせないメニューとして鍋料理があるが、鍋を売る時に大事なのが、脇を固めるメニューだ。鍋ができるまでに間が持たない上に、鍋だけでは味わいがどうしても単調になりやすく、飽きが来てしまうからだ。そこで鍋料理の前後を固める〝脇役〟が重要になるというわけだ。

通常の一品料理の充実は当然のことだが、それ以外に、鍋料理をオーダーしたお客が追加注文しやすいよう、手軽ですぐに出せる料理の構成も考えておきたい。

ある居酒屋では、1品150～200円程度の煮物メニューを「鍋のサイドメニュー」として用意しておき、注文後数秒で提供できるようにしている。瞬時に出せることが強みの上、お客が負担を感じる価格ではないので、お客の様子を見て鍋料理の前後に勧めやすい。またある居酒屋では、口直し用として漬物を器に

盛り付けて用意しておき、オーダー後、すぐに提供できるようにして鍋料理利用のお客に喜ばれている。

POINT

・漬物を用意している居酒屋では、その漬物をあえてカプセルトイに入れている。客層やお客の様子を見て投げ渡すことも可能とのことで、宴会の場を盛り上げることもできるという。

017

焼肉、しゃぶしゃぶ…エトセトラ。一人客が楽しめる店が増加

一人客需要をさらに深掘りしていく

大人数客をターゲットにした業態や売り方から、少人数客へとシフトする動きが加速している。そんな時代背景を捉え、個食の〝一人焼肉〟を打ち出した焼肉定食業態がヒットするなど、一人客の取り込みに成功している事例も目についている。そんな、一人で気軽に食事を楽しむニーズをさらに掘りこすのも一考だ。

また、一人一鍋で自由に楽しめるしゃぶしゃぶ業態も登場。しゃぶしゃぶというと大人数で鍋を囲むイメージだが、一人一鍋のスタイルにすることで、グループで来店しても各自が好みのメニューを楽しめるのが売り方のポイントで、グループ客の取り込みにも成功している。

POINT

・一人業態は一人客だけでなく、グループ客も取り込める。

018

食べ進むうちに麺の味わいが変わらないよう、時間差提供

大盛りを2回に分けて、美味しく提供

あるラーメン店では、限定の冷やしつけ麺の大盛りを注文したお客には、麺を2回に分けて出すフェアを実施した。通常のつけ麺は、大盛りは無料としていたが、限定のつけ麺は全粒粉の麺を使用することもあり、大盛りはプラス150円に。その代わり、大盛りは2玉分の麺で、最初に1玉分の麺を出し、途中で、残りの1玉分の麺を出すようにしたのだ。

一度に大盛りを出されると、最後のほうは麺がぬるくなる。その点、2回に分けて出すので最後まで冷えた麺を味わえる。この出し方が好評で、来店客の2人に1人は大盛を注文してくれて、客単価アップに貢献した。

POINT

- 他業種への応用では、カレーなどを大盛りで注文したお客に、ルーを2回に分けて足りなくなった頃に提供する、というサービスも可能だ。

019

クチコミやSNSでも発信されやすい、名物メニューの条件

店のメニューを名物化するアイデア

〝一品で二度美味しい〟メニューは、外食としての付加価値が高く、人気メニュー開発のポイントの一つでもある。

ある居酒屋では、名物の角煮を二度美味しくする工夫で商品価値をアップ。まず、中華蒸しパンを追加注文してもらい、角煮まんに。続いてひと口ご飯を追加注文してもらい、角煮のタレをご飯にかけて最後に楽しませている。〝一品で二度美味しい〟食べ方の提案は、「あの店面白い食べ方をすすめているんだ」とクチコミやSNSで話題になりやすい。

POINT

・同様のアイデアで、あるラーメン店は、フレンチのビスクを応用したオマールエビのラーメンが名物。オマールエビのスープを活かして、ご飯、卵黄、小エビを熱々の器で提供し、スープとチーズをかけてリゾット風にシメる食べ方も行っている。

020

ありそうで無かったセットで、客単価アップに貢献

酒客に受けた、おつまみセット

ある居酒屋では日替わりセットメニューを始めて客単価がアップした。そのセットとは、飲み物と料理のセットではなく、おつまみ同士のセット。餃子&コロッケ、ハムカツ&ポテトサラダ、やきとり&アジフライ、唐揚げ&冷奴など、日替わりで3種類のおつまみセットを用意し、そのPOPを作って店内に貼り出した。

セットは、単品で注文するより50円安くなる設定に。半分以上のお客がこのセットを注文し、始めて2か月で、客単価が30円ほどアップしているという。

POINT

- セットというとドリンクとの組み合わせが多いが、「おつまみ同士」のセットが盲点だった。
- 他業種でも応用が可能で、従来の「セットメニュー」の組み合わせを考え直すと、これまでにない魅力が打ち出せる。

021

色々食べられ、注文数とお客の満足感が向上！

前菜・酒肴を小ポーションで提供

コロナ禍以降、まだまだ夜の居酒屋利用において、1～2名の少人数客がメインの店もある。そんな店でよく見られるのが、少人数だと常連客でも来店頻度や注文皿数が伸びないケース。常連客はその店の料理の分量を知っているだけに「一人では量が多すぎる」と注文を控えたり利用を敬遠したりするからだ。

ある地方の居酒屋では、15品あった前菜、酒肴のポーションを全て半分にし、価格も290円均一に変更。すると2皿、3皿と注文するお客が増えて、この食べやすいサイズのカテゴリーが一番の出数になった。

POINT

- 小ポーションであることでいろいろな料理が食べられ、お客の満足度もアップする。
- 前菜、酒肴など、盛りつけるだけの料理で充実化を図りたい。

022

取り分けて食べるスタイルで、2人客の利用を掘り起こす

ラーメン店の夜限定2人用メニュー

あるラーメン店では、夜の営業時間の客数を増やす狙いで、「2人用メニュー」を夜の営業時間専用メニューとして売り出した。

2人用つけ麺、2人用まぜそばと、分けて食べられるものを「2人用」で用意し、少し割安に設定。つけ麺は、細麺、中細麺、相盛りかを選択。つけ汁のスープ割も魚介と鶏だしから選べるようにした。2人用はボリュームがあって迫力があり、SNSにアップする人も多く、注文数を増やしている。

POINT

- ラーメン店は1人客の多い業種ゆえ、2人で利用したくなる販促を打ち出せば客数増が期待できる。
- 1人分も2人分も調理の手間は大差なく、2人前盛りメニューなら、オペレーションを乱す心配もなく、導入しやすい。

023

季節を感じさせる麺の替え玉が人気

麺の「味変」で、替え玉注文率をのばした工夫とは

あるラーメン店では、ラーメンを注文した人が追加オーダーする、麺の替え玉にひと工夫して好評だ。

同店の替え玉は、麺を茹でて提供するだけではなく、麺に味を付けて出す。そのまま食べてもいいし、ラーメンの中に入れても味が変えられていいし、つけ麺のように食べることもできるのが人気だ。

さらに、その替え玉の麺の味付けは、季節ごとに変えている。夏は豆板醤で辛くして、秋は茸のペーストをかけて…といった具合で、季節感も出している。

このような工夫で、同店では麺の大盛りより替え玉を注文する人の割合が高まり、客単価も50円ほどアップしたという。

024

〝SNS客〟狙いの販促を〝子供連れ客〟獲得にまで発展させる

カフェオレの強化で〝家族客〟が増加！

あるカフェでは、インスタ映えを狙って、砂糖の代わりに綿あめを添えるカフェオレを投入。カフェオレのカップにのせると一瞬で溶けるため、その映える瞬間を撮影してSNSにアップするお客が増加。それを見て来店する子供連れ客も増えた。そんな子供連れ客に綿あめをプレゼントしたところ、ますます家族連れ客が増えるという好循環となった。

綿あめの反応がかなりいいので、綿あめを追加注文できるメニューも開発。綿あめのせパンケーキ、綿あめのせパフェを新商品として開発するなど意欲的だ。見た目もインパクトがあり、写真入りのメニュー表や、POPで積極的にアピールしている。

POINT

- ウェブ集客を契機に新メニュー開発やプレゼント販促へも展開。

025

コーヒー店のカスタマイズサービスに着目し、ラーメンでアレンジ

スープの豆乳変更が女性客に好評

あるラーメン店では、ラーメンのスープに豆乳を加えられるサービスを期間限定で始めた。

店のラーメンのスープは魚介だし系で、魚介だしと豆乳は相性がいいため、希望する人にはだし昆布を浸けた豆乳をスープにプラス。豆乳の多め・少なめも選べるようにした。

これは、コーヒー店でカフェラテを注文する際、牛乳を豆乳に変えたりミルクの量も変えられるなど、お客の好みに合わせてカスタマイズする売り方をヒントにしたもの。

このサービスの開始後、女性で豆乳入りを希望する人が多く、リピート客も増加。好評につき、豆乳ラーメンの新メニュー化も決定した。

POINT

・異業種の売り方を応用し、量の調整にも対応し満足感を高めている。

026

ワインと連動させた売り方もポイント

年配客に人気の「健康鍋」

あるレストランでは、トマトの鍋、玉ねぎの鍋を出している。年配客が多いので、トマトの裏ごしと肉のだしで魚介を食べる鍋は「リコピン鍋」、おろし玉ねぎたっぷりのだしで牛肉を食べる鍋は「血液サラサラ鍋」と、それぞれ健康イメージの伝わるネーミングに。

どちらも、ボトルワインと注文すると、トマト増量、玉ねぎ増量のサービスを実施した。「こんなにたっぷり玉ねぎが味わえます」と、メニュー表で「増量」したものを見せて売り出した。3人以上で来店して注文するお客が多いため、皆、ボトルワインを注文してくれるという。

どちらの鍋も、まず1人前の小鍋仕立てを売り出し、好評だったものを2人以上で楽しめる大鍋仕様にしてレギュラー化したという。

027

どれを選ばれても原価が大きくブレないようにする構成がカギ

お客が組み立てる自由な盛り合わせ

あるレストランではフライの盛り合わせの内容を、お客が自由に選べるようにして評判を高めている。内容は、エビフライ、キスフライ、ミニロースかつ、コロッケから3つ選べるもの。エビフライ3本でもいいし、キスフライ1つとミニロースかつ2つでもよく、どの組み合わせでもOKだ。価格は800円均一にしている。

子供と来た時、友達と来た時とシチュエーションに合わせて内容を変えられるのが、特に主婦客に好評で、以前の固定の時から比べると、実に売れ数が2割もアップした。

POINT

・盛り合わせは基本的に内容が固定のため、自由に選べるだけで価値が生まれる。どの組み合わせでも利益にばらつきが出ないよう、原価計算はしっかりしておく必要がある。

028

現状メニューをセット商品に利用し、酒客の需要を掴む
夜の売上を高める、1/2サイズのセット

外食チェーン店の〝ちょい飲み〟需要を掴む試みをヒントに、ある中華料理店では、料理を通常のハーフサイズにした「チョイスセット」を開発。酒客を獲得している。

メニュー表も専用ページに表示。お客はその中から、料理3品とデザート1品を選びセットできるというもの。このセットが酒客の需要を掘り起こし、人気を集めている。

POINT

- このセット専用の料理ではないので、新メニュー開発の時間や、食材の仕入れや仕込みの手間もかけずに済む。
- こうした発想は、中華料理だけではなく、和洋のさまざまな業種でも応用できる。
- たとえ食事が主体で酒を売りにくい業種でも、料理を小ポーションにしてセット化すれば、酒客の関心を集める売り方ができる。

029

体に優しいランチが、居酒屋で女性客増加につながった

女性客増大に貢献。居酒屋のランチ

ある居酒屋では、ランチの日替わり弁当のご飯を、白米の他に、日替わりで五穀米・玄米・コンニャク粒入りご飯を選べるようにした。

この弁当を購入してもらったお客には、袋にミニチラシを添えて渡す。そのミニチラシでは、「お弁当以外にも、お店では体にやさしいメニューをそろえております」という見出しを付けて、月替わりでヘルシーメニューを紹介する。

「居酒屋にヘルシーメニューがある」という話題性もあり、同店では元々、女性客は少なかったが、この日替わり弁当を始めてから着実に女性客が増えているという。

POINT

・男女を問わず、健康に関心の高い現代のお客を呼ぶには、業種を問わず「ヘルシー」なメニューは欠かせない。

030

ご飯と副菜が定食の付加価値を高める

人気の牛タン定食を、さらに魅力アップさせた工夫

老若男女を問わず人気の高い牛タン定食。牛タン特有の旨みや食感が魅力だ。その牛タン定食を、炊きたてご飯と選べる副菜で付加価値アップに成功している専門店がある。

ご飯は、老舗米店が独自にブレンドしたものを厳選。注文ごとに炊き上げる釜炊きご飯を提供する。副菜は13種類から好みのものを2種類選べ、1食の満足度を高める他、リピーターを飽きさせない。さらに、卓上に置かれたオリジナルの食べる調味料も、ご飯が進むと喜ばれている。

POINT

・ご飯の魅力化は、業種を問わずランチメニュー強化につながる。米の品質と、炊きたてが何よりの価値。そのため、メニュー表や店内のPOPで、それらをしっかりとアピールすることが必要だ。

031

産地・品種の異なる米を使い分け、料理への期待感も高める

秋は新米の魅力を日替わりでアピール

「実りの秋」といわれるように、夏の終わりとともに新米が出回るようになる。米離れが問題視される現在でも、米のご飯は日本の食事シーンには欠かせないもの。そこで最も身近な秋の味覚として、飲食店でも新米到着をアピールする店は多い。

この新米の魅力を、店の魅力アップのための販促に活用したい。ある居酒屋では酒の後の食事にも力を入れており、産地・品種の異なる4種類の米を使い分け、それを「本日のお米」としてアピール。酒を飲んだ後のシメの食事として注文を集めている。

4種類の米を扱っているが、その日使う米は日替わりで1種類に絞っているのがポイントだ。毎日4種類を出していては、釜がその分余計に必要で保存も大

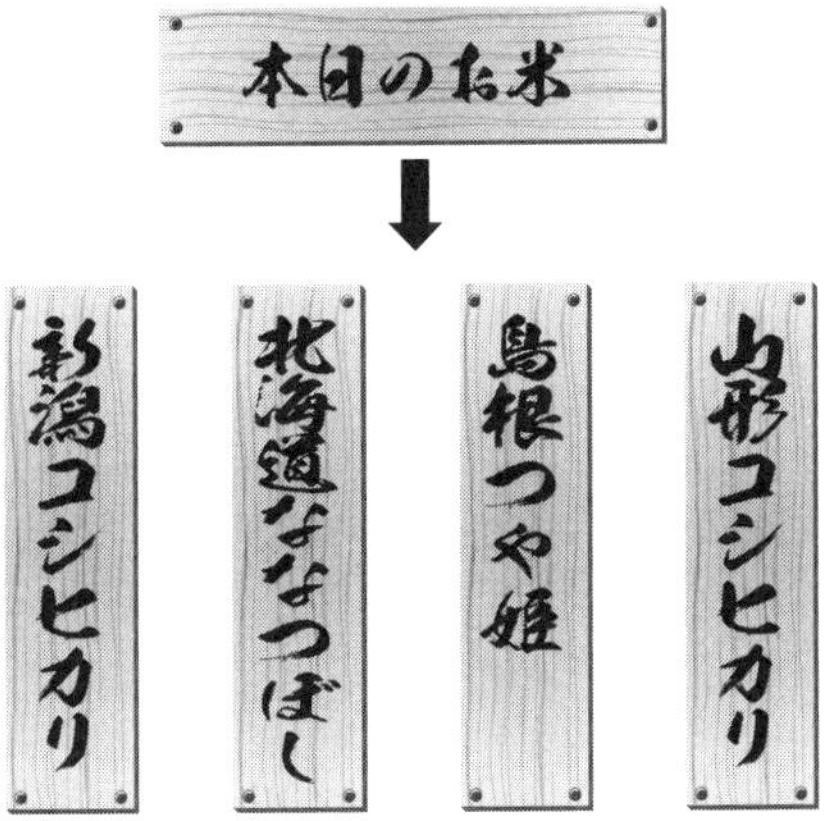

変。米の管理も大変だからだ。毎日1種類でも、4種類の米を出していると打ち出すことで、「お米が美味しい店」「お米が美味しいから、他の料理も美味しいはず」という期待感を演出できる。

POINT

- 仕入れ先と相談し、新米シーズンのみ小型サイズの袋で仕入れて使い分けることで、種類を増やしても対応しやすくなる。それぞれの仕入れ単位が小さくなる分、常に新鮮な米を使うこともできる。
- 酒の店でもシメの食事として売りやすく、しかもすぐに取り組める販促として、取り入れてみたい。

032

コロナ禍の持ち帰り商品を名物化

“禍転じて福”。持ち帰りで売れた商品を、袖看板でアピール

同じメニューでも、売り方やタイミングによってお客に与える印象が変わり、売れ行きに大きく影響することがある。

ある居酒屋では、コロナの時期に店内営業を停止し、営業日を限定してテイクアウト販売のみを行なった。その商品は店の主力商品の焼とりを5本、10本セットにしたものと、まとめて量を仕込むことができる鶏の煮込み。これらは地域に住む同店のファンを中心に人気を集め、特に鶏の煮込みは爆発的によく売れた。コロナ後はテイクアウトをやめたが、鶏の煮込みだけはお客の要望も多かったことから、テイクアウトを継続したほどだった。

そこで営業再開後は、テイクアウトの実績をもとに、新たに「一か月で4000食出た絶品鶏煮込み」とのキャッチフレーズとともに、袖看板でアピール。

今や鶏の煮込みは、同店の新たな名物商品になっており、このメニューを求めてやって来るお客も多い。

POINT

・店内では売れ行きが少ないメニューでも、テイクアウトで人気が出ることもある。それを機会に店内でアピールすることで、店内での新たな人気商品にすることができる。

033

4種類の辛味オイルから1つを選び、味変を楽しませる

自家製辛味オイルの販促が、話題沸騰

あるレストランでは、「体の中から温まろう！」をうたい、4種類の自家製辛味オイルから1種類をサービスするイベントを始めた。

辛味オイルは、一味オイル、山椒オイル、ハバネロオイル、激辛生姜オイル。サラダ、ピラフ、コロッケ…など、何にでも途中でかけて、味の変化を楽しんでもらうという趣向。辛いのは、身体の中から温まれるし、遊び心もあるので辛味オイルだけにしたという。

「ほんとに、すごく辛かった」とクチコミが広がり、また、「次回は別の辛味オイルに挑戦」というお客も増えた。

POINT

- それぞれの辛味は強めに調整し、「すごく辛いので注意してかけてください」と忠告する。
- 2種類かけたいという人には「味が混ざるとおいしくなくなる」と説明して1種類だけにしてもらう。

034

〝個食〟の若者客を満足させる、味のバリエーションの広げ方

個人の好みに対応する〝最強〟一人鍋

ある店ではコースの鍋を一人鍋にし、だしを10種用意して好みの食べ方で楽しめるように工夫。少し手間はかかるが、個食が広がっている現代では、自分の好みの味で楽しめると、特に若者客に喜ばれている。

同店ではさらに、だしを張った鍋の写真を大きなPOPにして店内に貼り出し、より多種類の魅力を分かりやすくお客にアピール。

同店の方法以外でも、だしは1種類の鍋なら、つけダレや素材につけるソースの種類を増やせば、ブイヤベースのような洋風鍋や中華風鍋でも応用できる。また、オリーブオイルや塩などは、産地別に数種類用意すれば、味にうるさい現代人の好奇心も満たせる。

POINT

- コースの鍋を一人鍋にして味のバリエーションを広げ、個食に対応する方法もある。

035

食事も重視するから、最後の一品を工夫したい

宴会の魅力を高める「シメ」の食事

宴会で店をハシゴすることは無くなり、一軒で酒の後の食事まで済ませるお客が増えた。そこでシメの食事メニューも、宴会客獲得には重要な要素になってきた。

ある居酒屋では、宴会のシメの食事メニューとして、大きな木桶の飯台を利用した、特大「かき揚げ丼」を提供。見た目のインパクトが宴会のシメを盛り上げ、お客自身が取り分けたかき揚げ丼は、だし汁をかけて楽しませるなど、味の面でも評判で人気をつかんでいる。

POINT

- 鍋料理の雑炊に代表されるように、取り分けて食べる食事メニューは、宴会のシメを盛り上げる。パスタなどの麺メニューでも応用できる。
- 同店の手法の応用として、ソースやだしなどを添えて、取り分けたメニューをお客自身が〝味変〟できるようにすると、さらに印象が高めやすい。

036

宴会コースの構成を変えることで、お客を盛り上げる

ご馳走料理をトップに構成し、人気

年末年始は、飲食店の繁忙期。売上を期待できる時期だが、近年では酒を飲む層が減り、宴会需要は減ってきているとも言われる。もう一度宴会需要を取り戻すには、「宴会の盛り上がり」を打ち出すような施策が必要になる。

ある居酒屋では、宴会コースの一番品目に「毛蟹の甲羅詰め」を提供。通常はコースの中盤から終盤に出すことが多いご馳走ニューだが、あえてコースのトップに持ってくることで、宴会客へのインパクトを強化し、次の料理への期待感も高めた。実際、コースの内容に大満足したお客が、忘年会のリピート予約をしてくれるほどの成果を上げたという。

[3章]

ランチ客に
喜ばれる、
販促サービス

037

切り方や盛り付け、それに「プラスの一品」でも評判に

定番人気の海鮮丼を、さらに魅力強化

海鮮丼は、魚介ランチの定番の人気商品。しかし、競合が増している中、ありきたりの海鮮丼では、現代のお客に売れにくくなっている。

そこであるすし店は、仕入れから調理まで、すし店ならではの魚介の美味しさにこだわりながら、すしのご馳走感とボリューム感を盛り付けで演出。しかも同店ならではの発想で生もの以外も盛り込み、海鮮丼の魅力を高めて人気を集めている。

その「名物 海鮮丼」とは、見た目にも迫力のあるすしダネの切り方や盛り付けで、すしのご馳走感を演出。タコには煮つめを塗るなど、すし店ならではの味を織り交ぜ、最後まで美味しく食べられるようにする。

さらにこの丼には、揚げ物であるエビフライを盛り込む。こうしたひと工夫が

定番の海鮮丼に意外性を生み、お客の期待を上回る商品力の高さにつながっていると言える。

POINT

・生ダネを9種類盛り込み、さらに大ぶりのエビフライを盛り込む、自由な発想で海鮮丼の魅力を強化。
・生ものだけだと食べ飽きるお客も、揚げ物が加わることで、味覚がリフレッシュし、最後まで楽しめると人気だ。

038

炊きたてご飯を、お客の前で盛り付ける演出で人気を集める

ご飯の炊きたて感がランチ客に評判

和の業種をはもちろんのこと、ランチなどでご飯を提供する店では、ご飯の美味しさがお客の評判に上がることは多い。元々、日本ではお米に関心の高い人は多いが、近年では家庭での炊飯器の性能も向上しており、日常的に美味しいご飯が楽しめるようになった。そうしたお客の舌を満足させることも、重要になってきている。

ある和食店では、ご飯をかまど炊きにしており、炊きたてのご飯を羽釜ごとワゴンにのせて客席まで運び、お客の目の前で盛り付け、炊きたての魅力をアピールし人気を集めている。

美味しいご飯が身近な現代だけに、飲食店でもこまめに炊飯を行い、炊きたてを出せるようにし、さらにそれをＰＯＰなどで積極的にアピールすることで、ラ

ンチだけでなく夜の食事時にも〝売り物〟にすることができる。

POINT

・かまど炊きは大がかりだが、ある和食店では小鍋を何個も用意し、ランチのご飯を小鍋炊きにして炊きたてを提供し、サラリーマン層に人気を集めている。
・ある焼肉店では、ランチに美味しいご飯を出したいと、土鍋を用いてこまめにご飯を炊いて提供し、評判を集めている。

039

複数から選んで組み合わせできる、丼のトッピング
客単価アップにつなげた丼の販促

ある和食店では、ランチのねぎとろ丼で販促を実施した。

その内容は、ベースのねぎとろ丼とともに、トッピングとして、しらす、干し海老、ガリ、生海苔、刻み海苔、刻みワサビを用意。トッピングはどれでも100円とし、2種類選んだら150円、3種類選べば200円と、多く選ぶと割安になるようにした。3種類選んで盛り付けた例を、メニュー表に写真でも3パターン示した。

実際、その写真の例で注文するお客が多く、追加トッピングを注文する人の半分以上は3種類を選び、ランチの客単価アップを実現できた。

POINT

- 丼メニューにトッピングという発想もユニークで、トッピングの種類を工夫すれば定番の親子丼や牛丼などでも応用が可能だ。

040

味も、食べ方も変えられる。飽きのこない魅力のランチ

様々な変化を楽しむ高付加価値ランチ

色々な食べ方のできるメニューは、ランチに限らず外食ならではの価値をアピールできる。1品で2回、3回と違う食べ方・おいしさを楽しめることが、商品の魅力を倍増させるからだ。

あるハンバーグ定食専門店は、セルフで焼いたハンバーグをカレー塩や豆板醤など好みの調味料で楽しみ、さらにオプションメニューをオーダーすると、ナムルやカレーで石焼ビビンバやキーマカレー風にシメのご飯を楽しませる趣向。ハンバーグ定食で、味を変え、食べ方も変えて味わえると好評だ。

POINT

- 同様のアイデアで、ある釜めし専門店では、ご馳走感のある釜めしをひつまぶし風に楽しむ食べ方を提案。最後はだしをかけて独自の釜めし茶漬けでシメるスタイルが若い世代にもヒットするなど、複数の食べ方・おいしさの体験は幅広い世代に訴求できる売り方だ。

041

盛り付けが、SNSで話題のとんかつ

定番の料理を、盛り付けを変えてインパクト&話題性強化

多くの人がSNSを利用する時代、その投稿が話題となり、拡散する〝クチコミ〟効果の威力が、以前にも増して高まっている。そうしたお客の要望に応える意味でも、思わず写真や動画に撮りたくなったり、友人や知人に話したくなったりするような、インパクトのあるメニューを工夫する店が多くなってきている。

あるとんかつ店では、銘柄豚を使用したとんかつの商品力に加え、盛り付けでインパクトを強化。写真を撮ってもらいやすいように、ロゼ色の断面を上にして盛り付ける他、パレットのような専用の皿で提供し、8種類のソースや薬味で彩りを添えている。それはもちろん、とんかつを美味しく食べてもらうための工夫なのだが、他のとんかつ店では見られぬ派手な盛り付けに目を付け、写真を撮ってSNSで投稿するお客も多く、遠方からのお客も呼べるほどになった。味とと

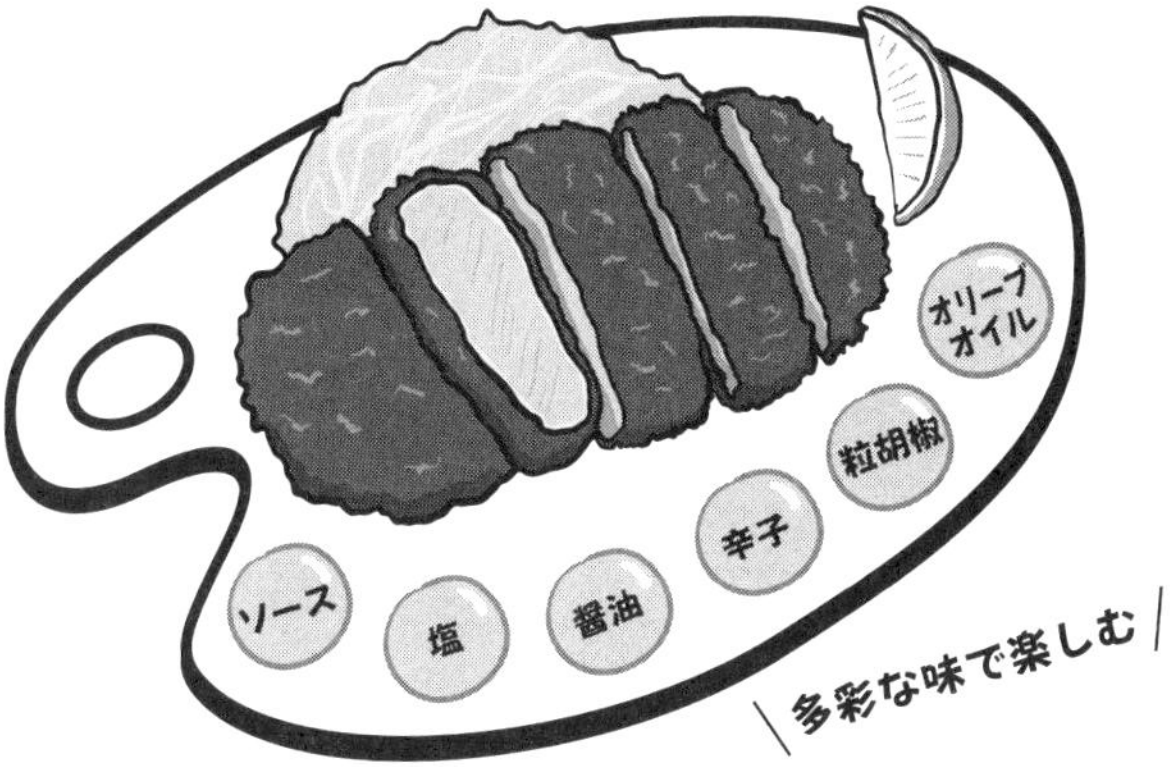

もに印象に残る見た目のインパクトの工夫も〝強いランチ〟を作る要素の一つと言える。

POINT

・ソース以外に塩、醤油、オリーブオイル、辛子、あけがらし、柚子胡椒、生粒胡椒などを添え、多彩な味を楽しませる。
・これまでは伝統的な定番メニューとされているものこそ、盛り付けを工夫して印象を変えると、話題にのぼりやすくなる。

042

「ちょこっと」メニューで昼の客単価増

ランチメニューとは別の内容で、追加オーダーを狙う

いつも利用するランチメニューだが、「今日は少し贅沢をしたい」という客層もいるもの。特にサラリーマン客の給料日などは、そうしたお客が増える。そこで「ちょっとした贅沢」ニーズに応えるメニューがあれば、昼の客単価アップが狙える。

ある焼肉店では、ハーフサイズの「ちょこっと焼肉」を導入したり、ランチ価格に100円増しでミニラーメンを販売するなどして、昼の客単価を高めている。

このようにランチ営業では、サイドメニューを充実する販促も売上アップには有効だ。注目度を高めるコツは、ハーフサイズで用意する料理に関しては、ランチメニューの料理とは料理内容を変えること。ランチ内容と同じだと、結果的に「大盛り」と同じになってしまうからだ。

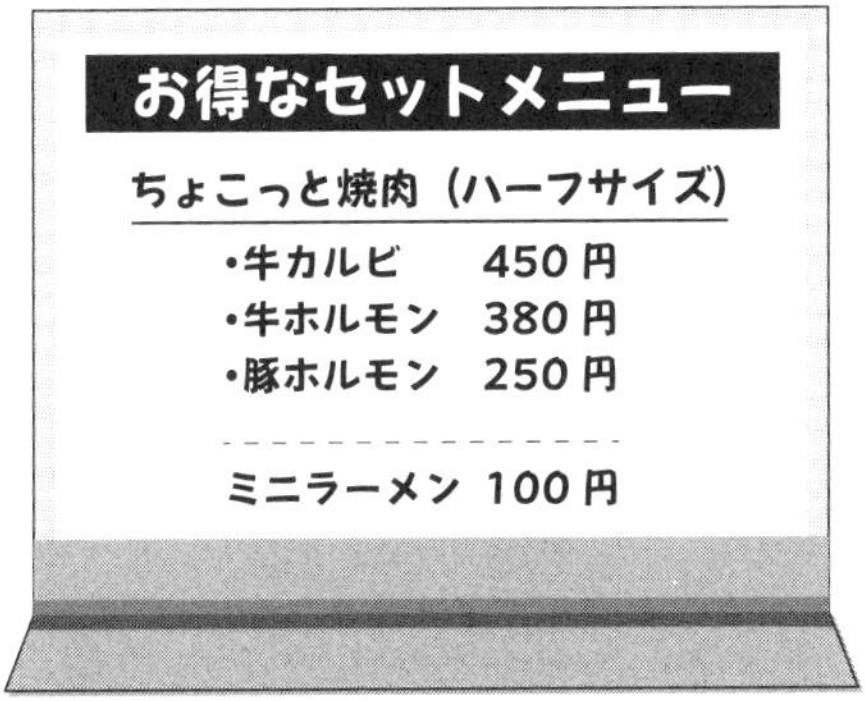

仕入れの手間や保管のスペースを考えると、食材の種類を増やしたくない、という場合は、味付けを変えるだけでも有効だ。

POINT

・同店の「ミニラーメン」は、牛骨で取るスープをベースに活用したもの。
・既存食材を利用してランチとは別のメニューを「追加メニュー」とすることで、専用食材を用意せず手軽に「あと少し食べたい」というお客のニーズに応えられる。

043

これまで2人で来ていたお客が、3人で来るように

もう1人来るとお得な昼のサービス

あるオフィス街のレストランでは、ランチタイムにセットのサラダを増量するサービスを実施した。

4人掛けテーブル席が中心なので、ランチタイムは2人客同士の相席をお願いすることが多かったが、嫌がるお客も増えてきた。そこで考えたのが「3人で来店するとセットのサラダ増量」のサービス。

このサービスを始めてから、わざわざもう1人を誘って3人で来る女性客が増えた。客席効率が上がり、その分、客数も増えたという。

POINT

- 「あと1人」だと、誘う方も気軽に仲間を誘いやすく、サービスを利用しやすい。
- 大盛りのサラダをサービスされたお客には、撮影してインスタグラムで紹介する人も増え、その投稿を見た人が来店するようにもなった。

044

店内or店外。どちらでも楽しめるランチのドリンク

ランチの客席回転率を上げたサービス

あるカフェでは、ランチメニューにセットしているドリンク類を、全てテイクアウトできる紙コップに変えることで、ランチタイムの回転効率を高めている。

この紙コップは、店内で飲んでもいいし、持ち帰りもできるよう、ふたをできるものを採用。テイクアウトするお客には、紙コップをLサイズにサイズアップするサービスも付けた。このお得感で、8割近いお客がテイクアウトを希望するという。滞席時間が短くなり、ランチタイムの回転率も上がっている。

POINT

- 天気の良い日は、混み合う店内でよりは戸外でゆっくり食後のコーヒーを楽しみたいというお客もいて、テイクアウト利用客に好評だ。
- コーヒーをデスクで飲むサラリーマンなどにも喜ばれている。

045

気温と味覚の関係性を、売れるランチのヒントにする

天気予報を日替わりランチに役立てる

あるそば店では、4月〜6月は天気予報を日替わりランチの参考にするという。この時期は、日によって寒暖の差があるからだ。

予報で最高気温が22℃以上のときは、冷やしそば・うどん系にして、メニューの写真を店頭にも貼り出す。「22℃以上になるとアイスクリームが売れ出す」ことを本で読んで、それをヒントにして始めたのだ。逆に最高気温が19℃以下の時は、温かいうどんを出す。気温に合わせた売り方で、この時期は、まず日替わりランチから売り切れることが多いという。

POINT

・最高気温23℃以上でドリンク需要が高まるなど、気温と味覚や食欲との関わりは大きい。こうした情報を知っておくと、その季節にお客が求める料理内容やサービスを提供することができる。

046

〝主役〟の魅力はそのままに、さらに〝脇役〟の魅力も大幅アップ

定食の味噌汁の強化で、女性客増大

ある居酒屋では、ランチに刺身定食を4種出していたが、女性客増大を狙ってフェアを実施。それは、「野菜不足なんて言わせない!」とのキャッチフレーズのランチフェアだ。

ランチの定食は刺身定食のままで、定食に付ける味噌汁を、けんちん汁、とん汁、すいとん汁から選べるようにし、さらに人参、ほうれん草、シメジ、シイタケなど野菜の具だくさんの内容に変更。ランチタイムは店頭に、「野菜不足なんて言わせない!」と書いたポスターと、ひと目で野菜いっぱいの味噌汁と分かる定食のサンプルを置いてアピール。このフェアで、ランチタイムの女性客の割合が3割ほども増加した。

POINT

- 外食は野菜不足になりがち。「野菜が摂れる」は特に女性に効果絶大。

047

原価をかけず、具だくさん&月替わりで名物メニューに

端材で作る汁物を月替わりで名物に

ランチタイムなどの食事時の集客には、料理の強化は当然のこと。それだけに、料理の強化「だけ」では、よほどの魅力がない限り圧倒的な集客は難しい。年々ランチの客数を落としている店も多い。そこで、料理以外の強化を考えたい。

あるすし店では、ランチメニューの汁物を強化。仕込みの際、魚のアラの部分が多く出ることから、それを利用した具だくさんの旬のアラ汁をランチで提供。しかも魚種を変えて月替わりにすることで、名物になっている。

POINT

- 同店では「今月のアラ汁」とPOPでアピールし、それを楽しみに来るお客を集めている。
- 例えば野菜の端材を用いた野菜たっぷりの汁物を提供することで、ヘルシー感で女性に喜ばれて、昼の集客力を高めることにつながる。

048

スープを選ばせるサービス、冷めにくい内容でも人気に
定食のスープを個性化し売れ数10％増

ある居酒屋では、ランチの定食のスープを選べるようにして人気を伸ばした。

選べるスープは、醤油味か味噌味か豚骨スープ。ラーメンをヒントにしたスープの味なのだが、もう一つ、ラーメン同様にスープの香味油としてラードを合わせた。

熱々のラードをスープに加えることで、冷めにくいスープにできた。スープの器も少し厚いものに変更。

「最後までスープが旨い」、「体が温まる」と好評で、ランチの売れ数が1割以上アップしたという。

POINT

・寒い季節に喜ばれるサービス。逆に暑い日には、だしを凍らせてスープに浮かべると清涼感を出せる。かき氷スタイルで提供すると、話題性も高められる。

049

食後のコーヒーの種類を増やして、ランチの客単価アップ

ランチのコーヒーに、新魅力を

あるレストランでは、ランチのセットに付けるコーヒーの種類を増やして評判を高めた。

同店で増やしたのは、キャラメルラテ、チョコラテ、抹茶ラテ。ランチは男性の来店客が多く、「カフェで甘いアレンジコーヒーを注文したいが、気恥ずかしくて気が引ける」という声を聞いて、ランチのセットコーヒーに組み入れ、プラス50円でセットにできるようにした。

3人に1人がアレンジコーヒーを選ぶようになり、ランチの客単価がアップした。

POINT

- 忙しい時間帯のサービスなので、全自動式のコーヒーマシンがある店で導入しやすい。
- ラテに、上から各種ソースをかけるスタイルで、余計な手間をかけずに対応できる。

050

ランチ後に楽しめるよう、身近で手軽な商品をセット

ランチのセットに意外なデザートを

あるレストランでは、ランチ後に提供するドリンクとして、コーヒー、紅茶の他にアイスキャンディーも加えた。ハンバーグ、生姜焼きを鉄板にのせてアツアツで出すので、「食後は口の中を冷やしてください」という意味をこめたという。

デザートとしてアイスキャンディーを選ぶ女性は意外に多く、持ち出して店の外で食べる人もいることから、ランチの回転をよくする効果も生んでいる。同店では、夏になったらアイスキャンディーを数種類から選べるようにしたいと考えているという。

POINT

・暑い夏場は、アイスキャンディーを選ぶお客が増えることから、ランチの魅力を高めるために、複数味のアイスキャンディーを揃えて選ばせる準備をするという。

［4章］

ファンを増やす
メニューフェア&
イベント販促

051

好調日の販促が、売上の底上げに

特売フェアは、ヒマな日より、好調日に実施する

フェアなどの販促を考える時、どうしても「売上の悪い日の挽回」「ヒマだから何かやる」という意識のことが多い。しかしせっかくフェアを行うなら、「いつやるか」を考慮して行った方が効果は上がる。

あるすし店では、週のうちでも売上の高い水曜・金曜・日曜に特売フェアを実施。それぞれの曜日で特売メニューを作り、喜ばれている。売上の悪い日はお客が少ないためフェアの効果が低いが、お客が多い日はそれだけ注目されて効果が上がり、好調日の売上がさらに高まるという。

「好調日は何もしなくてもお客は来る」という店も多いが、好調日だからこそ販促を行い、より多くのお客に店の魅力を知ってもらうことで、売上の底上げを効率的に実現することができる。

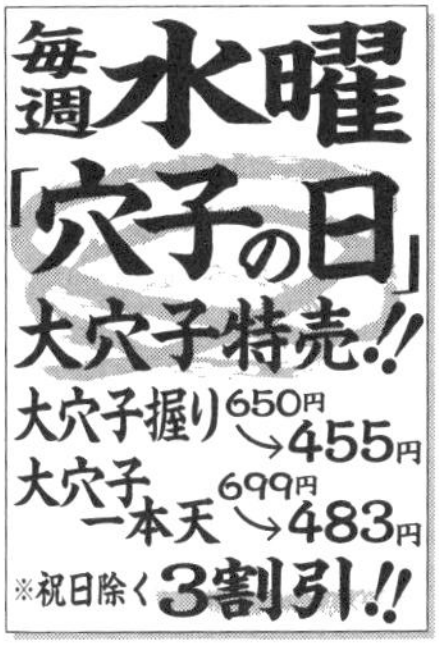

POINT

- 好調日だと客数が多くフェアを大勢に知らせることができるだけでなく、そうした日は店に活気があり、お客も盛り上がるので、接客でフェアメニューをお勧めするとオーダーにつながりやすい。
- 新メニューや季節メニューのアピールも、特売フェアで行いやすい。

052

仕入れや商品開発の手間が不要で、お客の評判にも
昼の丼を活用した、誕生日フェア

お客の誕生日や記念などの日は、お客へのサービスとして特別メニューで店をアピールできる絶好の機会。しかし営業と並行しながら、その内容を考えたり、そのための仕入れを行ったりするとなると、作業の手間が多く、なかなか手を出しづらいのも事実だ。

あるマグロ専門店では、お客の誕生日サービスとしてマグロ丼のマグロ盛り放題を行っている。これは昼限定メニューを使い、誕生日のお客には丼の上にのせるマグロのヅケを盛り放題にするというサービスだ。

マグロの量によっては原価が50～100%になってしまうこともあるが、大勢が利用することもない上、その場の楽しさが出せて、お客をファンにすることもできる上、「こんな豪華な丼を食べた！」とお客がSNSで投稿することも多く、

知名度アップにもつながっている。
フェアメニューも、こうした方法だと、現在提供しているメニューをそのまま使えるので、新たな仕入れも発生せずに済む上、特別メニューの開発も必要なく、担当者の負担を減らせることも利点だ。

POINT

- 通常営業のメニューを使ったフェアだから、どの業種でも導入しやすい。
- 注文したお客も驚くほどのボリュームにすることで話題を呼びやすく、お客自身がＳＮＳで発信し拡散しやすい。
- 原価負担が大きくならないよう、誕生日フェアなどが狙い目。

053

「特別ランチ」を、1か月前から告知し前売り券制に

感謝デーランチが前売り券制で完売に

ある和食店では、月1回、感謝デーランチの日を設けている。そのランチは普段と同じ800円だが、より原価をかけた内容にし、野菜の煮物も一皿プラスする。

その内容は、1か月前に写真で店内に告知し、さらに前売り券制にした。また、前売り券は3枚以上買うと1割引きに。1度利用したお客は、前売り券をまとめ買いしてくれる人が多く、前売り券は発売日に完売することが多くなった。好評なので、「感謝デー」を増やすことも計画中だという。

POINT

- 前売りで事前に売上が分かるので、仕入れの無駄がなく、ロスを少なくできた。
- ロスが少ない分、料理内容をより充実させることができ、それがさらなる人気につながっているという。

054

次々に新しくなるメニューが、リピート客を生む

好評！ニューメニューフェア

ある居酒屋の「ニューメニュー」フェアが好評だ。専用のメニュー表を用意し、そこに「ニューポテトサラダ」「ニュー唐揚げ」「ニュー餃子」を掲載。そして、「どこがニューになったかは、スタッフにお尋ねください。次々とニューになります」と書き添えた。

このメニュー表を見たお客は、ほとんどが、どれかを注文。そして必ず、「どこがニューなんですか」と質問をしてくれる。味や具材を変え、「次々ニューにする」ことで、「ニューメニュー」目当てのリピート注文も増えた。

POINT

- 「次々と新しくなる」のがお客の好奇心を刺激する。新しさは、味、具材だけでなく、あしらい、盛り付けなど、何でも導入でき、楽しさや期待感も演出できる。

055

季節メニューを会話と販促の機会に

イベントメニューを積極利用。再来店のきっかけに

あるカフェでは、春からのシーズンに「フルーツトースト」のイベントを実施。このメニューを注文すると、次回使えるドリンク半額券を進呈するというもの。

フルーツトーストは、トーストに果物を添えた品で、そのフルーツは日替わり。注文を受けると、「本日のフルーツは、イチゴかキウイのどちらかをお選び頂けます」と説明する。フルーツを選べるようにして、会話の場面を増やし、「本日は茨城産のイチゴです」と、わかるときは産地の説明も行う。このイベントで、確実にお客との会話が増え、再来店する人が多いという。

POINT

- 旬の食材を使うと、どの業種でもイベントメニューとして出しやすい。
- 食材はあえて複数にし、お客に選ばせる。食材の解説などを通じて、会話のきっかけにできる。

056

トッピングを選ばせ、最適の組み合わせを商品開発に活用
人気商品づくりに役立てたイベント

あるラーメン店では、塩ラーメンだけはトッピングを細分化して選べるようにするイベントを開催した。

お客にはスタンプカードを渡し、この塩ラーメンを3回食べたらトッピング無料券をプレゼントするというもの。野菜は、ネギかモヤシか水菜を選ぶ。チャーシューは、鶏か豚か鴨か。煮玉子は鶏卵かウズラ。そのデータを3か月集めて、人気のある組み合わせで「特製」を用意した。現在、それが一番人気メニューになっている。

POINT

- ラーメン店以外に他業種でも、複数トッピングで提供するメニューの、組み合わせの「最適解」を探るのに役立てられるイベント。

057

昭和、平成、令和と誰もが〝当てはまる〟名称で当事者意識を！

〝3元号〟ランチの人気予想イベント

ある和食店では日替わりランチを、昭和ランチ、平成ランチ、令和ランチと3種類用意。日替わりなので、毎日、その内容は黒板に書き出す。それを見て、「サバ味噌は昭和かぁ」、「どうして、これが令和なの？」とお客との間に会話が生まれる。

さらに1か月のトータルで、どれが一番出るかを予想してもらうイベントも開催。お客に応募してもらって予想が当たった人には、ランチ1回無料券を進呈する。お客は自分が応募した時代のランチが伸びるよう、熱心に通ってくれるので、売上も約10％アップする好結果となった。

POINT

・商品名に元号を付けると、お客は自分が思いを寄せる時代に肩入れしたくなる。そんな推しを応援する心理をうまく取り込んでいる。

058

新しく導入したソースの認知度を高め、店内に活気も呼び込む
選ばせるソース活用。人気投票フェア

あるレストランでは、ハンバーグのソースに、デミグラスソースに加えて、新たに塩麹ソース、スイートチリソース、バジルトマトソース、スパイスソースを用意し選ばせるようにした。そしてこのソース導入にあたりフェアを行った。

フェアの内容は、どのソースが1番美味しかったかの人気投票。3か月後に結果発表を行い、1位のソースに投票した人の中から抽選で3名に食事券をプレゼントするというものだ。好評だったので、定例のイベントにする予定だという。

POINT

・同店では、このフェアを行うにあたって、1か月に1回、中間発表をすることも告知。それを確認しに来店するお客もいて、評判を集めたという。

059

サンプルも店頭に置き、視覚にアピールして成功

ハーフサイズで好評を博した丼フェア

あるそば店では、そば・うどんとハーフサイズ丼のセットを売り出すフェアを実施し、好評を博した。ハーフサイズを用意したのは、牛丼、親子丼、カレー丼。ハーフのサイズが実感できるように食品サンプルを用意して店頭にも並べた。「このくらいなら食べられそう」と、女性でもハーフサイズ丼とのセットを注文する人が多かったという。

このフェアが好評だったので、次にハーフサイズ丼を、親子丼と牛丼の「ハーフ&ハーフ」でも注文できるフェアも実施。親子丼と牛丼が合体した珍しい丼を多くの人が撮影し、SNSにアップして宣伝してもらえた。

POINT

・ご飯メニューだけでなく、パンを使ったハーフサイズのサンドイッチなど、カフェなどでも応用できるアイデアだ。

060

料理を入れ替えできるメニューフェア

食に関心の高いお客の好奇心を刺激し、クチコミ拡大に

ある和食店では、既存のメニューの組み合わせを変えるフェアを実施してクチコミを拡げている。

そのフェアとは、「チェンジフェア」。カツ丼のカツをエビフライやカキフライに変えられたり、カレーライスのライスを焼きおにぎりや赤飯や五目ご飯に変えられたりできるというもの。「どんな味になるんだろう？」という組み合わせの面白さが注文を呼び、食べた感想をネットで紹介する人が増えた。食べる前に写真を撮る人もすごく増えたという。

POINT

・「チェンジ」できる料理は、既存メニューのものや原価が同じくらいのものを用意すると、店側の負担も少なくて済む。
・スタッフから「これが意外に合うんですよ」といった声掛けが、お客の好奇心を刺激して利用客を増やす。

061

ビール注文2割増！お客参加型フェア

注ぐ楽しさもあって、50円引き。2杯目はさらにお得

居酒屋では、若い客層がメインの店ほど、サワー類は出るが生ビールが伸び悩んでいるというところが多い。そこである店では、生ビールをセルフサービスでサーバーから注いでくれたら50円引きのフェアを実施した。さらに、お替りするとき、同じグラスで注いでくれたら、その2杯目は100円引きに。

2杯、3杯と経験するとお客自身が注ぎ方を覚えてくれるのと、店はジョッキを洗う手間が省ける。「2杯目は100円も安くなる」という効果で生ビールの売れ数が2割伸びた。

POINT

- 同店では、ビールの注ぎ方は、スタッフがそばに立って注ぎ方を教えるので、最初から失敗することはない。
- 得意なお客は注ぎ手に回ることが多く、店のファンになっている。

062

現代の若者層にも、ノスタルジーを感じさせ好評
「忘れないで」メニューイベント

ある居酒屋では、「忘れないでサワー」のイベントを開催。週替わりで、タピオカ(ブームは平成30年)入りサワーや、ナタデココ(同平成5年)入りサワーを販売。合わせて、「この頃、何していましたか?」というA5サイズのチラシを客席に置いた。たとえば、ナタデココサワーの週には、平成5年にヒットした歌や流行語をチラシにまとめた。

このチラシで話が盛り上がるようで、「忘れないでサワー」を始めてから、4人組以上のお客が増えたという。

POINT

- ノスタルジーを感じさせるのは、昭和のメニュー以外に、平成や令和にヒットしたメニューでも可能。
- 「忘れないで」イベントは、業種を問わず導入可能。またドリンクだけでなく、フードメニューでフェアにも利用できる。

063

積極的に1人で利用したくなる、メニューフェア

カウンター利用客増。1/2サイズフェア

あるレストランでは、カウンター席が敬遠されることが多かったので、カウンター席限定のメニューフェアを行った。「カウンター席限定」と大きく明記したメニュー表を用意し、フライドチキン2個、ハーフサイズサラダ、1/2ハンバーグ、1/2パスタなど、1人〜2人で来店してもいろいろな種類を食べられるようにした。

このカウンター席限定メニューを出しはじめて、カウンターを希望する女性の一人客が増えたので、フェアの実施期間を延長することに決めたという。

POINT

- 1人の目的客を呼び込みやすく、居酒屋などでも応用しやすいアイデアだ。

[5章]

物販・テイクアウト・宅配・通販ニーズを捉える！

064

持ち帰りは店の気づかいで集客力アップ

待ち時間、受け取り間際のサービスで、リピート客を掴む

諸物価値上がりが続く今日、サラリーマンやＯＬ層を中心に、利用者がさらに増えたのが、持ち帰り需要だ。このため、テイクアウトに力を入れるようになった店も多い。テイクアウトでの競合に勝ち抜くには、それ専用の販促が必要になってくる。

ある人気ハンバーグ店のテイクアウト＆デリ専門店では、レジ横にふりかけや味噌汁の素などを置いて、商品を受け取るお客に対し１人１個の無料サービスを行って好評だ。さらに同店では、商品の受け取りを待つお客のために、無料のお茶やお冷やも用意。冬や夏場には特に、その心遣いが喜ばれている。

テイクアウト業態では、飲食業と異なり、お客と接する機会は極端に少ないだけに、店側の気配りをなかなか伝えにくい。しかしこのようなお客に伝わりやす

お茶をご用意
しています。
どうぞ
お召しになって
お待ちください。
ふりかけ
たまご
かつお
お弁当一個につき、
お好きなふりかけ一種を
サービスで差し上げています！

い試みは好感度を高め、次の注文につながる販促といえる。

POINT

- テイクアウトのお弁当だと、飲み物を別に買う必要があることから、味噌汁の素の無料サービスなどはたいへん喜ばれる。
- 昼どきは、テイクアウトでもオーダーが集中して待ち時間が長くなることがある。暑い時期にはお冷やを、寒い時期にはお茶などをサービスすると、店の好感度が高まる。

065

栄養バランスを重視する女性向けの、昼のサラダ需要を開拓

大盛り無料に小盛りもサービスの弁当

ある和食店では、ランチタイムに弁当を販売。サラリーマンが多い立地なので「ご飯大盛無料」をセールスポイントにしていた。ただ女性客からは、「ご飯少な目で」という要望があったので、「ご飯小盛」の弁当も用意。この小盛は、100円引きかミニサラダ付きかを選べるようにした。

販売してみると、小盛を希望するお客の7割はサラダ付きを選んだという。

そこで、ミニサラダ100円を単品でも販売したら、通常サイズにサラダをセットするお客もいて、1日20個出て、客単価アップにつながったという。

POINT

- 健康に気を使う会社員は多いことから、ちょっと食べたいときに嬉しいミニサラダは売れやすい。女性は量と同時に、栄養のバランスを重視するため、100円引きよりもミニサラダの方が興味を引きやすい。

066

昼前の時間帯に、割引価格で販売する弁当がオフィス街で人気

「昼に並ばずに済む」と人気の早割弁当

あるオフィス街のレストランでは、ランチタイムに持ち帰り弁当も販売。この持ち帰り弁当の売れ数を増やすために、「早割」も始めた。

「早割」は、朝8時半〜10時で、通常600円の弁当を100円引きで売るというもの。店頭には、「オフィスに電子レンジがある方はお得です。電子レンジ対応の容器です」と貼り出した。「レンジで温められる」ことが効いて、「早割」弁当は20個ほど売れ、ほぼ、この分の売上がプラスになったという。

POINT

- 購買意欲を喚起するのは、お得感も一つ。出勤前に立ち寄れる時間での販売が、売上げにつながっている。
- ランチタイムの忙しい時間、並んで購入するのを敬遠するお客の補填にもなり、チャンスロスを打ち消す取り組みだ。

067

ランチの弁当発売をきっかけに、新需要を獲得した

オフィス街で会議用弁当市場も開拓

あるオフィス街の和食店では、近所にコンビニが増えてランチの売上げに影響が出たのを機に、持ち帰り用の弁当を売り出した。

コンビニ弁当を意識して、野菜が多い内容の700円と800の弁当を販売。その後、オフィス街なので会議用の弁当(1200円、1500円の2種類)も予約を受け付けるようにした。

この弁当の販売にあたっては、10個から配送のサービスも受け、1か月の間で80個を売ったという。

POINT

- 同店では、会議用弁当を売り出すにあたり、500mlのお茶付きサービスのフェアを実施。お茶は、ほうじ茶、ルイボスティー、玄米茶、ウーロン茶から選べるようにした。

068

持ち帰り用の個包装の飾りずしで、常連客が増えた

飾りずしでホームパーティ需要も獲得

あるすし店では、飾りずしの持ち帰りが好評だ。飾りの違う10種類の飾りずしを用意し、個包装にして販売。さらに、ホームパーティ用に飾りずし10個とアフタヌーンティーセット風の2段のスタンド皿を付けたセットも用意。サンプルで、このスタンドに飾りずしを並べたものも陳列し、「すてきなホームパーティを演出できます」と説明文を添えた。

このスタンド皿付きセットが月に3~5セットは売れ、それと同時に持ち帰り用の飾りずしの常連客が増えているという。

POINT

- 家で楽しむシーンを具体的に想起させることが大切。サンプルと「ホームパーティ」という説明文が、より興味を抱かせることができる。
- また個包装での販売は、試し買いにもつながっている。

069

サイズや食材の選択に加え、さらに客層を広げる

テイクアウトのお子様メニュー

あるカレー店では、テイクアウトメニューを充実。「シングル」「ダブル」と量の違いを選ばせるもののほか、トッピングや食材の組み合わせを楽しませるものを揃えている。それに加えてさらに特徴的なのは、お子様向けの「キッズ」も用意している点だ。

テイクアウトメニューに子供向けも用意することで、家族で食事をしたいというお客や忙しい主婦層からの注文にもつながっている。これらのメニューは専用のチラシを作り、電話で注文も受けるようにしており、これも気軽な利用を促す要因となっている。

さらに同店では、家庭やアウトドアで料理をする機会が増えたことから、オリジナルスパイスを開発し販売。店のＳＮＳとは別に、スパイス販売専用のアカウ

ントも用意し、購入者がQRコードを読み込んでスパイスを使ったレシピを知ることができるようにして、リピーターを獲得している。

POINT

- 店内売りでは「お子様メニュー」はあるが、テイクアウト用ではまだ少ない。「キッズ」用も設けることで、主婦層からのオーダーが狙える。
- 店独自の調味料やタレ、スープを販売する所は増えている。それを活かして新たなファンを獲得し、売上アップに役立てることができる。

070

持ち帰りできるメニュー表が好評

テイクアウト客に重宝される、持ち帰りメニューの表示

あるレストランでは、テイクアウト利用の拡大を狙って、持ち帰りできるメニューを増やした。

まず、メニュー表で持ち帰りできる商品には「持ち帰り OK」のマークを付けた。次に、「持ち帰り専用メニュー表」を作り、そのメニュー表も持ち帰りできるようにした。

この持ち帰り専用メニュー表には、それぞれ、注文から何分でできるかも表示。でき上がる時間を計算して持ち帰りメニューを注文し、できたてを持ち帰るお客もいて、持ち帰り専用メニュー表は評判がいい。

POINT

・一番の工夫は、提供時間の表示。イートインしながら、テイクアウトのスケジュールを組めると喜ばれている。

071

お客のSNS投稿撮影に使ってもらい、店の知名度を上げる

ステッカーで持ち帰り弁当の売れ数増

あるレストランでは、持ち帰り用の弁当を販売。そして、弁当を買う人に、店名のロゴを印刷したステッカーを添えるようにした。

そのステッカーには、「お弁当と一緒に撮影してください」のひと言も印刷。この試みを面白がり、ステッカーと一緒に弁当を撮影し、SNSでアップしてくれる人が増えたという。

そこで、ステッカーのデザインを5種類に増やし、常連客にも2度、3度SNSにアップしてもらえるようにした。SNSを通じた投稿の影響もあり、じわじわと持ち帰り弁当の売れ数は増えている。

POINT

・同店では、お客がSNSにアップする写真を見て、さらに映える盛り付けや彩りの参考にし、見た目にも魅力の高い弁当にするよう、改善の役に立てている。

072

外食がちな男性客層に、家庭向けテイクアウトをアピール

男性の土産需要を喚起したネーミング

ある居酒屋では、「パパ買ってきて」とネーミングしたテイクアウトメニューを開始して、売上げを伸ばした。

それは、米沢牛コロッケサンド、松阪牛ハンバーグサンド。ともにテイクアウト専用メニューで、店内ではコロッケサンド、ハンバーグの単品のみで提供。サラリーマンが中心客層なので、家族へのお土産を喚起するネーミングにした。夜、来店したときに買って帰る人と、ランチの営業時間中に注文をし、会社帰りに寄って持ち帰る人もいるという。

POINT

・興味をひくユニークなネーミングが、最大のポイント。さらに米沢牛や松阪牛といった、特別感のある食材を使うことで、家族の喜ぶ顔までをイメージさせることができる。「今日は特別に」と思わせることが、購買に結びつく。

073

作りたてのメニューと特別感で、スーパーの総菜と差別化

テイクアウトではなく、お土産として

ある居酒屋では、料理のテイクアウトを開始。上手なアピールで売上げを伸ばした。

テイクアウトするのは、揚げたてのとんかつ、フライドチキン、エビフライ。それを「お持ち帰りできます」ではなく、「ご家族へのお土産にどうぞ」と書いてアピールした。店頭にも、「ご家族に喜ばれる当店名物のフライドチキンをお土産にどうぞ」と貼り出した。

ランチの営業時間中に昼食用に買いに来る主婦もいて、売上げアップに貢献している。

POINT

- 「名物」「お土産」といった、飲食店ならではの特別感を感じさせるアピールが、スーパーの総菜との差別化に役立つ。
- 「あのお店の料理」という特別感があれば、料理は定番のメニューでも喜ばれやすい。

074

非日常性と〝おもてなし〟の演出で、1万円の弁当が売れる

飲食店らしさで、高額弁当が予約完売

飲食店で、持ち帰り用の弁当や惣菜のメニューを売る場合、競合するのは既存の「持ち帰り専門店」だ。そこで、飲食店ならではの独自性を強調したメニューで差別化したい。

どの業態であっても、外食には、ある種の非日常が不可欠な要素。だからこそ、持ち帰り商品でも、飲食店ならではの非日常性を売り物にした、贅沢メニューも構成したい。

ある予約制レストランでは、1万円を超える個数限定の高級弁当が注目され、予約完売が続いているという。献立の素材や内容の高級感だけでなく、上質感あふれる風呂敷に包み、箸もおしぼりも高品質なイメージのもの。それに店の想いを綴《つづ》った手紙とお品書きも添えている。それら全体で高級感を出し、価格を納得

させている。

このような演出内容を参考に、〝おもてなし〟を感じさせる提供方法を導入し、高価格帯の商品も揃えたい。

POINT

・飲食店らしさや〝おもてなし〟を感じさせる商品は、大衆性を売りにした店でも、「特別メニュー」として出すことが可能だ。話題性を集め、店の名物メニューにすることもできる。
・高級素材を使うに当たっては、個数限定の予約制にするなど、ロスが出ない売り方も重要になる。

075

取引業者応援を謳《うた》い、様々な食材をネットで販売する

ネットを使い、店で使う食材を通販

コロナ禍を機に、お客のネット利用によるテイクアウト注文が普及し、店側でもECサイトなどを利用した通販メニューも増えた。

あるレストランではコロナ禍の時期に、料理だけでなく、店で使っていた黒牛のモモ肉や高級魚を、「生産者応援サステナブル食材セット」として通販で販売し人気を集めた。

元々は、コロナ自粛で打撃を受けた生産者を応援する形で、採算度外視で顧客限定注文として始めたもの。それが好評を得て、店のオンラインストアで販売するようになった。

〝取引業者応援〟と銘打ち、店で配送用に下処理をした「食材」を詰め合わせるという内容のため、現在の味や料理内容にとらわれることなく、仕入れた食材で

幅広く組み合わせることができるという利点もあった。

POINT

・自然災害が多い日本では、そのたびに地元生産者の被害が報道されることが多い。こうした通販は、被災者支援というスタイルでの現地協力にも役立てられる。
・ラッピングや包装箱にも凝ったものを採用することで、自宅での注文だけでなく、ギフト需要も増えている。

076

テイクアウトは、料理だけでなく、調味料でも評判になる

独自開発したタレを持ち帰り商品に

近年ではグルメ層のなかにも、家庭での調理に関心の高い人が増えた。そこでテイクアウトを充実させる店は多くなったが、持ち帰り販売の商品は、料理以外にも可能性がある。

あるうどん店では、豚バラ肉に店独自のタレをあわせた丼を名物メニューにしている。同店では、さらに、そのタレを販売することでも人気を集めている。

よくテレビなどではお店の料理を紹介する際に、「秘伝のタレ」などと魅力を訴えることが多い。家庭では真似のできない、それに市販のタレでも出せない特別な味わいが、個人店の味の特徴でもあるからだ。そうした味を持ち帰り商品にすることで、店の独自性にできる。

タレ以外にも、唐揚げ専用の調味料、ドレッシング、デザートにかけるソース

など、色々なジャンルで応用できるので、試してみたい。

POINT

・都内の自動販売機では、ペットボトル入りの「だし」が売られているように、店でその日ひいた「だし」を、料理の素材として販売するという方法もある。近年、顆粒だしが一般化し、家庭で本格派のだしを使う機会が少なくなっているので、本物のだしの美味しさを伝えることは、店への信頼性を高めることにもつながる。

077

「中華の冷食に合う」とのひと声が、人気のきっかけに

特製スパイスの持ち帰り注文が15％増

あるレストランでは、唐揚げを注文したお客に自家製のミックススパイスを添えている。オレガノ、タイム、ガーリックパウダー、黒胡椒、岩塩を混ぜたもので、瓶入りにしてレジ横でも販売している。

家庭での冷凍食品の消費量が増え、中でも餃子、焼売、炒飯の売上げが伸びていることから、唐揚げを提供するときにスタッフが「このスパイスは、餃子や焼売にも合いますよ」と説明するようにした。このひと言で、自家製スパイスの持ち帰りが3か月で15％増えたという。

POINT

・自家製ミックススパイスの味を知ってもらうことで購入を喚起。また、唐揚げ以外に合う具体的な料理名を示すことで、「家でもいろいろな料理に使える」とイメージさせることが大切だ。

078

コロナ禍で増えた内食需要を、新しい投資で掴む

自販機活用で、営業時間外に稼ぐ

かつてのコロナ禍を境にして、家庭での食事機会を多くする人が増えた。こうした変化の中、自販機を使った無人販売が、内食市場を狙える有効な一形態として注目されている。

ある中国料理店では、冷凍自販機を導入し、営業時間を見直すほどの人気を集めている。冷凍自販機導入にあたっては、真空包装機、急速冷凍機を導入し、惣菜製造業の許可を取得。餃子や焼売、麺料理、炒飯など店のメニューを冷凍自販機で販売。発売後2か月で、麺類だけで600食も売るほど人気を得ている。

POINT

・同店では自販機の人気のため、現在はランチ営業をせず、昼を仕込みにあてている。自販機のリース代や電気代、包材代などを差し引いても利益は出ており、営業時間外に稼ぐシステムとして、今後も注目される。

[6章]

アルコール、ノンアルコールドリンクの販促術

079

自分で注ぐスタイルに加え、好みの味へのカスタマイズも
飲み放題の新スタイルが、大ヒット！

近年広がりつつあるドリンクのトレンドの中でも、特に注目したいのが客席に設置された専用サーバーからお客がアルコールドリンクを自分で注ぐ、飲み放題の新スタイル。

例えば、客席に設置した専用サーバーでレモンサワーを提供し、大ヒット中の焼肉店が登場している。同店では、近年になって、スーパーやコンビニなどでも様々なレモンサワーのバリエーションがあることを受けて、レモンシロップや生レモン、冷凍レモンなど、カスタマイズできるオプションを多数用意。それらをオーダーして、お客が自分好みのレモンサワーを作り上げる飲み方が評判を集めている。

自分で注ぐという新しいスタイルに加えて、飲み放題の中でも「自分好み」の

味にカスタマイズできる点も特に重要で、味にうるさい現代のお客の舌を満足させている。

POINT

- お客が自分で注ぐスタイルは、提供スピードの時間短縮になっており、お客のストレスが無いのも大きなメリット。
- 店側にとってもスタッフの人手を取られないので、他の部分でサービスを強化できるなど、双方にとって嬉しい飲み放題になっている。
- レモン以外のフルーツでも応用がきくオプションサービスだ。

080

200円高いが、氷で冷やすワインよりも注文する人が増加中

ワイン氷のジョッキワインで客単価増

　ある居酒屋では、ジョッキワインが好評で、冷やす氷を選べるという売り方をしている。

　通常のキューブアイスのジョッキワインのほか、200円足すとワインを凍らせたワイン氷も選べるというもの。「ワインの氷入りだと、溶けてもワインが薄まらないですし、通常のものより0.5杯分ワインの量は多く飲めます」と説明文を書いて卓上のPOPに写真入りで掲示した。

　ワイン氷入りの写真を撮りたくて注文する人も多く200円高いほうを注文する人が増えているという。

POINT

・ワインは凍るので、同店では製氷皿でワインを凍らせている。
・製氷能力が高くない店では、ワイン氷は定量を仕込んでおき、ワイン氷入りジョッキワインは「個数限定」にすることも考えたい。

081

客単価アップ！SNSにもアップ！ 凄いドリンクトッピング

かき氷で酎ハイ価値が急上昇

ある居酒屋では、「シャリ盛り」と名づけた酎ハイメニューを開発。これはジョッキの上に、高さ10㎝ほどの山盛りのかき氷を盛って、シロップをかけたもの。酎ハイに、プラス120円でシャリ盛りにできる売り方を採用している。

見た目にも迫力があり、ポスターにして店内に貼り出したところ、それに惹かれて注文する人も多く、客単価アップに成功。注文客のほとんどが写真を撮り、SNSにアップしている。それを見て、また新規客が来店する威力の酎ハイだ。

POINT

・この販促は、言ってみればドリンクの〝トッピング〟。酎ハイという低原価かつ、他のものと味を合わせやすいドリンクで行なうことで、抜群の成果を上げている。

082

定時の時間帯に囚《とら》われなくなったサラリーマンを集客

ハッピーアワーを、現代に合わせ採用

コロナ禍を機に、大手企業を中心に広まったテレワーク。コロナ後は緩和されたものの、サラリーマンの中でも、これまでのいわゆる〝9時～5時〟の定時勤務に囚《とら》われない生活意識の人たちが増えている。

そこである居酒屋では、「ハッピーアワー」を強く訴え、早い時間から人気を集めている。その方法は、「コスパ最強！イベント　ハッピーアワー」と記した文面で、店頭では懸垂幕にして通行人から非常に目立つスタイルでアピール。店内ではPOPにして壁に掲示した。しかも、平日は16時から、土日祝日は12時からスタートと営業開始時間が早いことも紹介。夕方前から来店し、ゆったりできると人気を集めている。

ハッピーアワー自体は、以前からある販促の手法で目新しくはない。しかし人々の生活様式が変わり、時間が自由になる人が増えた今日だからこそ、そうした人たちに合わせた時間帯にし、効果的にアピールできる方法を導入することにより、集客力は高められることを示す好例といえる。

POINT

- 同店では、通りに面した店頭に、目立つ懸垂幕を設置してハッピーアワーを通行人にアピール。同様に店内でもPOPで紹介し、テレワークなどで従来の時間に縛られなくなったお客の来店を促している。
- 地域によって、お客が利用できる時間帯は変わってきている。もう一度、営業時間の見直しが必要になってきた。

083

「もう少し飲みたい」酒客を、キメ細かく掴む
飲み放題を「延長あり」で魅力アップ

ある居酒屋では、飲み放題のコースを段階別に延長できるようにした。その飲み放題コースとは、基本の60分コースは1500円。30分延長したら2100円に。さらに30分延長したら2700円にという設定だ。

ただ、延長なしを前提に、最初から90分コースを選ぶと2000円に割引。120分コースを選んだら2500円に割引するというプランも用意。サラリーマンには延長できるコースが好評で、学生客には延長なしコースが好評。グループ客が増えただけでなく、客層が広がったという。

POINT

・サラリーマンの、大人数での宴会は減る傾向の中、仲間内の〝飲み会〟の比率は増えている。親しい仲だからこそ、時間を気にせず「もう少し飲みたい」という需要も出てくる。そうした要望に応えられる工夫だ。

084

ひと口サイズのワイン、1/2合&1・5合の日本酒が好評

ドリンクの絶妙なサイズに商機あり

あるレストランでは、グラスワインは、S・M・Lのサイズで売っていた。ただ、「もう少しだけ飲みたい」、「味見だけしたい」という要望があったので、Sサイズの1/3サイズの「ひと口サイズ」も用意。日本酒も、1合と2合で売っていたが、1/2合、1・5合も加えた。「ひと口サイズ」は割高感が出ないよう、Sサイズのきっかり1/3の値段設定にした。さらに、サイズがイメージしやすいよう、S・M・Lと「ひと口サイズ」のグラスにワインを注いだ食品サンプルと写真入りPOPも作って店内に並べた。試飲で「ひと口サイズ」を注文してくれるお客が増え、ドリンク客単価が140円アップしたという。

POINT

- ほんの少しというニーズにも対応。
- 料理やデザートにも応用できる。

085

あえて「飲まない」客層のためのドリンクを充実させる

酒離れが本格化の中、ノンアルも柱に

厚生労働省調べでは、実はすでに20歳台の若者層では、何と25%が「あえてアルコールを飲まない」のだという。若者層のアルコール離れが話題を集め、それが〝当たり前の社会の姿〟として進む中、ノンアルコールドリンクに注目し、アルコール無しでも営業しようという店も現れ始めた。

かつて、アルコールを注文しないのは「飲めない」層だった。メニューもウーロン茶や緑茶程度しかなかった。しかし、「飲まない」層が増えている今、そうした層が夜に食事とともに楽しめるノンアルコールドリンクが、不可欠になってきているのだ。

ある居酒屋では、青森特産の様々な種類のフルーツを使ったジュースを用いて、食事客に評判だ。今後は「飲まない」層向けのドリンクとして、ノンアルコール

ドリンクを、もう一つのドリンクの柱としてメニュー化していきたい。

POINT

- 同店では、青森県産の3種類のリンゴジュースを用意。そのままだけでなく、ソーダ割りにしても提供している。
- この他、フルーツなどを使ったソフトドリンクを充実させ、「酒を飲まない」お客にも対応する。

086

意外なアイテムによる、どんな味になるかのドキドキ感

ソフトドリンクのトッピング販促

あるカフェで、ソフトドリンクのトッピングサービスを始めた。トッピングは、チョコシロップ、抹茶パウダー、ジャムの他、パクチー、粉山椒、ガリ、七味、黒胡椒、紅生姜など盛りだくさん。

「どんな味になるかは自己責任です」とメニュー表に添えたことが話題を呼び、「粉山椒をトッピングしたら、意外に旨かった」などのSNSの投稿が増加。いろいろチャレンジするお客で話題がグンと広がった。同店はこのアイデアを、今後はサワーにも応用したいという。

POINT

- トッピングは、味が想像できるものもできないものも幅広く取り揃えたことが、お客の関心を集める威力に。
- アルコールドリンクにも応用できるアイデア。

087

炭酸水を割り材から単独商品に昇華させ、単価の取れる商品に

利益貢献！売れるノンアルドリンク

〝炭酸水〟というと、つい割り材と思い込みがちだが、単独で提供しても立派なお金の取れるドリンクとなる。ある居酒屋では、レモンサワーに使用する強炭酸ソーダに、カットレモンを搾って提供している。強炭酸とレモンの爽快感が評判となり、原価率数％の利益商品となった。炭酸水はスーパーやコンビニなどで販売され、日常的に購入する人も多く、ちょっと気の利いたノンアルコールドリンクとしてファンを掴んでいる。

POINT

・炭酸水の原価を知る店側は、単体でお金を取るという発想にならないものだが、お客は原価を考えて選ぶわけではない。
・飲み放題メニューに組み込むのも有効で、飲めないお客だけでなく、飲み疲れてひと息つく際に喜ばれる。レモンを加えるのもよいが、あえて何も足さないのも好評だ。

088

新感覚ハイボールで、酒好きを集める

炭酸の種類に加え、トニックウォーターも揃えて対応

いまや居酒屋の大定番となっているハイボール。近年は強炭酸による喉越しやキレの良さが受けて注文が入り、高い利益率もあって売上に大いに貢献している。しかしその一方で、飲み味はどの店でも同じになりつつあり、差別化を図ることは難しくなっている。

そうした中、最近はハイボールの差別化メニューが登場して人気を集めている。たとえばウイスキーを豊富に揃えるある酒の店では、ウイスキーの割り材として、ボトル入り炭酸水を5種類、そしてトニックウォーターを3種類用意。

炭酸水は、軟水・硬水、強炭酸・微炭酸など多様なバリエーションを揃えることで、ウイスキーの特性に合わせて提案。トニックウォーターも近年では多彩な薬草を用いた個性的なものが登場しており、ウイスキーを割ることで、他店にはな

いハイボールを楽しめるようにしており、クセになる味わいでハイボール好きを集めている。

POINT

- ジョッキ提供の強炭酸ハイボールではなく、専用のグラスで提供。ホテルのバーなどで供するオーセンティックなハイボールの味わいが楽しめる点でも関心をひき、連日多くのお客を集めているという。
- トニックウォーターはメーカーで価格差があるので、ウイスキー割りも「特別料金」で提供する。

089

カットフルーツを加えたサワーが、女性客に人気を集める

サワーにフルーツプラスで季節感演出

ある居酒屋では、サワーを季節メニューとして売り出すイベントが好評だ。

この試みでは、通常出しているレモンサワー、アップルサワー、オレンジサワー、イチゴサワーなどに、カットフルーツをおまけで入れて提供するというもの。普段は、そのフルーツ味のシロップだけで作るが、フルーツも入ると見た目が華やかになり、季節感も出しやすい。ヘルシー感も出るので、女性客からの注文が増えるという。また お替りも増えるという。

POINT

- レモンサワーにレモンのスライスが入るのは一般的だが、同店では1/4カットのものを入れ、インパクトを高めている。
- フルーツは、取引先と相談して、キズが一部にあるものなど、安いものを仕入れて対応している。

090

ヘルシー感もあって華やかで、香りも楽しめると好評
カスタマイズするサワーが女性に人気

女性に人気のある酒の店では、カスタマイズできるサワーが人気を呼んでいる。それは、ベジサワーだ。大根サワーは大根スティックに竹串を刺してサワーに入れたもの。トマトサワーはミニトマト3個を串に刺して、セロリサワーはセロリスティックに竹串を刺して、サワーに入れたもの。

さらに、追加で組み合わせるものとして、パクチー、カットしたイチゴ、梨、パイナップル、寒天を用意。組み合わせることで、自分好みの味にできるだけでなく、インスタ映えするサワーにできるのが好評で、人気を呼んだ。

POINT

・野菜は食べられる上、マドラー風にも使ってもらう。ヘルシー感で女性に人気だ。
・好評なので、同店では組み合わせるフルーツやフレッシュハーブを増やす予定だという。

091

夏場の酒客には、昼過ぎからのアピールも有効な手段に

夏場は**明るい時間帯から**酒客を集める

暑くて外出先で汗をかく夏場は、ドリンクの売上が伸びる。さらにアルコールへの関心も高まるため、まだ明るい時間からでも〝ちょっと一杯〟への誘惑に駆られがちだ。そうした心理をついて、日の高いうちからでも酒が飲めることをアピールし、集客につなげている焼肉店がある。

その店では、昼からの「『昼呑み最高』千べろセット」を打ち出し、人気を集めている。同店のセットは、ホルモンまたはおつまみ1品に飲み物3杯をセットして1000円というリーズナブルなもの。

元々同店は、ランチタイムを15時半まで取っていたが、その閉店ギリギリにでも来店するお客が多かったことから、ランチ時間を夕方にまで延長したのをきっかけに、このセットを開始。この試みにより、酒客を集めるだけでなく、追加注

文も増えて昼の売上を伸ばした。

近年、大都市を中心に生活時間が多様化し、食事時間も不規則な層が増えている。特にそうしたお客には、夏場の「昼呑み」の提案は効果が大きいといえる。昼用の商品をおつまみにできるよう仕込みを工夫すれば、専用メニューも必要ないので、同店のように焼肉以外の業種でも対応可能だ。

POINT

・同店では厨房スタッフの負担にならないよう、定番メニューを工夫。おつまみに、飲み物3種をセットした。
・スタッフの顔写真入り看板で、気軽に利用できる印象を出し、暑い夏場のドリンクに関心の高いお客を集める。

092

瓶ビールの取り出しを、セルフサービススタイルに

セルフの瓶ビールが、若者客に好評

ある居酒屋では、ビールは瓶ビールだけを提供。大手4社の小瓶、中瓶の他、クラフトビールも扱う。その売り方の特徴は、ケースからセルフサービスで取り出して飲むと、50円(税込)引きになるというもの。

若い客層ほど、セルフサービスでの注文を選択するという。そして、若い客層ほど、ビールを飲み馴れていないためか、いろいろな瓶ビールを試してくれるという。「このビールのラベルがかっこいい」など、SNSで「この店で飲みました」と紹介してくれることが多いそうだ。

POINT

- 忙しい個人の大衆店では、常連客が自分でビールを取り出すシーンは見られるが、それを「サービス」として価格割引した点が特徴。
- ボトルは最後まで下げず、飲んだ本数で会計をするシステム。

093

好印象で、サワーやカクテルが売れる要因にも

自店で作る自家製シロップが人気

あるレストランでは、カクテルやサワーに用いる自家製シロップが好評で、カクテル、サワーがよく売れている。

自家製シロップとは、パイナップルと八角とミョウガと砂糖で漬けたシロップ、それにリンゴとクローブと大葉と砂糖で漬けたシロップ、キウイとクミンと生姜と砂糖で漬けたシロップなど。

自家製であるということだけでなく、「自家製の薬膳シロップ」として、自家製シロップを漬けている瓶の1つ1つの写真をのせたメニュー表も用意した。

POINT

- ハーブ・スパイスを使っていることのイメージもよく、中高年のお客に特に評判がいいという。
- 自家製の「梅酒」などは見られることがあるが、シロップはまだ出す店は少ない。希少価値が高く店の個性にもしやすい。

[7章]

クーポン、ポイントカード、プレゼント販促の注目アイデア

094

子供が喜び、大人にも〝お得感〟のあるユニーク販促

カプセルトイを、販促に活用し成功

様々な商品のカプセルトイ(ガチャガチャ)が話題を呼んでいる。何が出てくるか分からないワクワク感と楽しさ、そしてお気に入りが出た時の高揚感で人気だ。その人気は、海外にまで広がっているという。そうした話題のカプセルトイを、販促に用いているレストランがある。

そのお店では、客席にカプセルトイのマシンを置き、小学生以下の子供客に1回無料で遊んでもらえるようにした。カプセルの中には、小さなおもちゃのほか、サービス券も入れた。サービス券は、「オリジナルドリンク1杯無料」「限定メニュー2割引き」「本日の日替わり2割引き」など。

どのサービス券も、「オリジナルドリンクは何ですか？」「本日の日替わりは何ですか？」と、手にしたお客が尋ねたくなる内容にしたのがポイントで、コミュ

ニケーションのきっかけにもなっている。このカプセルトイの販促を始めて、子供連れのお客様のリピーターが増えたという。

POINT

- 同店では、カプセルトイに入れたサービス券として、お子様向けメニューにも使える券を入れ、当日も使えるようにして、〝お得感〟を感じさせるようにしている。
- カプセルに入っているおもちゃで子供客が遊んでくれるので、気兼ねなく食事が楽しめると、子供連れが増えている。

095

「お一人様用コース」は、1人客の〝常連客化〟メニューでもある

次回有効割引券で〝継続来店〟を促す

あるカウンター席中心のレストランは、コロナ禍は席数を減らし、席と席の間を広げて営業。合わせて、1人客を増やせるように、「お一人様用コース」を新設した。

従来のコースと量は同じくらいだが、品数を増やし、一人で食べても間が持つように工夫。注文客には、次回有効の「お一人様用コース割引券」を贈呈し、簡単なアンケートも添えた。回収したアンケートは、新商品開発などにたいへん役立った。

POINT

- 「お一人様用コース」は、1人客の客単価確保の上でも有効。内容は1人客が利用しやすいように、少量多品種にすること。
- 利用客に、同コースの次回有効割引券を渡せば、継続しての利用が望め、常連客にもできる。

096

「料理＋ドリンク」の見せ方を変え、毎回お得な印象に

値下げ&サービス券でお得感を強調

あるオフィス街のカフェレストランは、ランチタイムにドリンク付きセットを提供していたが、それをやめ、次回使えるランチドリンクサービス券を手渡すように変更。

セットをやめて値下げしたため、その効果で客数が1割弱アップ。さらに、毎週、月曜日はランチドリンクサービス券を、1人2枚渡すようにした。その際、「お友達といらしてくださいね」のひと言もプラス。これにより、2〜3人でランチに来店する人が増え、相席をお願いすることも減って評判も上々。さらに客数も2割ほど増える好結果となった。

POINT

- 料理とドリンクのセットを分解し、ドリンクは次回有効サービス券に変更。お客は毎回得するため、引き続きの利用が期待できる。

097

料理が限定ドリンクとセットのお得券

次回来店につなげ、生ビール注文が1割ほど増えた

ある和食店では、生ビールの売れ数を増やすために、「生ビール限定セットお得券」を会計時に配布して注文を増やした。

この「お得券」を、次回来店時に提示して生ビールの注文をすると、お得セットのメニュー表にある料理は全て100円引きになるというもの。お得セットのメニュー表は、週替わりで作り替えて、内容を変えた。サラリーマンに好評で、生ビールの注文が1割ほど増えたという。

POINT

- 同店では、次回は「生レモンサワー限定セットお得券」を配り、セットお得券をシリーズ化していきたいという。様々なアルコールドリンクに応用できそうだ。
- 「お得セット」の料理内容も週替わりにするなど、飽きさせないのが好評を長続きさせるコツだ。

098

現代人の必需品・スマホを活用し、販促ツールに シールでトッピングが無料に

あるラーメン店では、トッピング1品が無料になるシールを300円で販売。このシールを見せると販促期間の3か月間は、何回食べてもトッピングをサービスしてもらえる。シールはスマートフォンの裏に貼るのをすすめており、これならカードのように持参するのを忘れることもない。

また、スマートフォンをかざしてシールをスタッフに見せる姿は、メルマガ会員やアプリの画面を見せるようでとてもスマート。シールの販促を知らないお客に、「あれは何だろう？」と思わせる効果も大きい。この販促シールは、予定数をわずか1週間で完売する人気ぶりで、次回もシールを活用した販促を考えている。

POINT

・スマホは常に携帯するものなのでいつも存在を意識してもらえる。

099

朝限定メニューの満足度を高め、リピート客獲得

愛好家を満足させる、1枚の無料券

　生活が多様化するに伴い、外食に求めることも変わってきた。そこでお客や地域のニーズをもう一度掘り起こして対処することが必要になっている。

　例えばラーメン好きのお客。これまでなら食事時か酒の後の需要が考えられたラーメンだが、愛好家には「朝からでも食べたい」という人もいて、そうした人たちに向けた販促で人気を集めている店もある。

　あるラーメン店では、深夜のお客が減ったのを機に朝型にシフト。昼前だった営業開始を朝8時からにし、朝限定の「朝のみラーメン」をスタート。朝なので価格は500円と割安で、その分、トッピングをシンプルにして原価調節。

　そして、朝の来店客には、「味付玉子無料券」も渡した。朝にラーメンを出すというだけでは、味にうるさいラーメン好きを呼ぶことは難しい。トッピングがシ

ンプルなだけに、その分の満足感が低いと考えたからだ。狙い通り、このサービス券はラーメン好きに好評。リピーターが多く、回収率は7割ほどにもなっている。朝の時間だけで、1日平均50杯売れるようになった。

POINT

・「朝のみラーメン」は、通常営業のラーメンより早く提供できるよう、茹で時間30秒の極細麺にし、時間に余裕のないお客も楽しめるようにした。
・ラーメン店だけでなく、あるレストランでは「朝ディナー」として朝8時半からのコース料理を販売し、人気を集めている。朝の外食需要は、予想以上に多くの業種に広がっている。

100

タレを好みの味に自作でき、それをアンケートにも

タレへの関心を高める鍋料理が好評

ある居酒屋では、鍋料理のタレを幅広くして評判だ。

同店では、店内の一角にサラダバーのようなタレ専用コーナーを設けた。そこに基本の醤油ダレのほか、柚子ポン酢ダレ、ごまダレ、辛味噌ダレ…などの自家製ダレ類、ねぎや生姜、にんにくなどの薬味類、七味や山椒やクミンなどの香辛料類を並べた。

鍋をオーダーしたお客は、好みでタレと薬味と香辛料を組み合わせて、食べたいタレにできるというもの。鍋を食べながら、途中で別のタレを作って食べることができるようにもした。

同店のこのタレの工夫には、さらに先がある。お客が帰るときに「あなたのおすすめのタレを教えてください」というアンケート用紙に書き込んでもらい、答

えてもらった人に抽選で割引券をプレゼントする販促も実施。鍋のタレづくりへの関心や話題性を高めるのに成功している。

POINT

- 慣れないお客向けに、各タレの味の特徴や、薬味・香辛料の個性を書いたPOPなどを作り、紹介している。
- アンケート結果は、次の自家製タレづくりの参考にもできる。

101

スタンプカードで、ランチ客を夜にも

スタンプカードの特典を、昼夜どちらにも関連付けて集客

昼のランチ客と夜の酒客とは、客層が違うもの。いくらランチで人気でも、昼と夜とではメニューが全く異なることが多いため、夜の来店に結びつけるのは容易なことではない。そこであるバルでは、スタンプカードを活用した販促で、ランチ客を夜利用にも呼び込む販促を行っている。

同店は、夜はさまざまなスパイスを使った料理を出すバルで、昼はカレースタンドとして営業。スパイスという共通点はあるものの、出しているメニューは昼夜で異なる。そこでこの夜と昼とをつなげるために、スタンプカードを活用しているのだ。

そのカードは、昼はカレー1杯、夜は1000円ごとにスタンプ1個を押すスタイル。スタンプが1個、4個、7個、10個の時点で特典を用意しており、それが

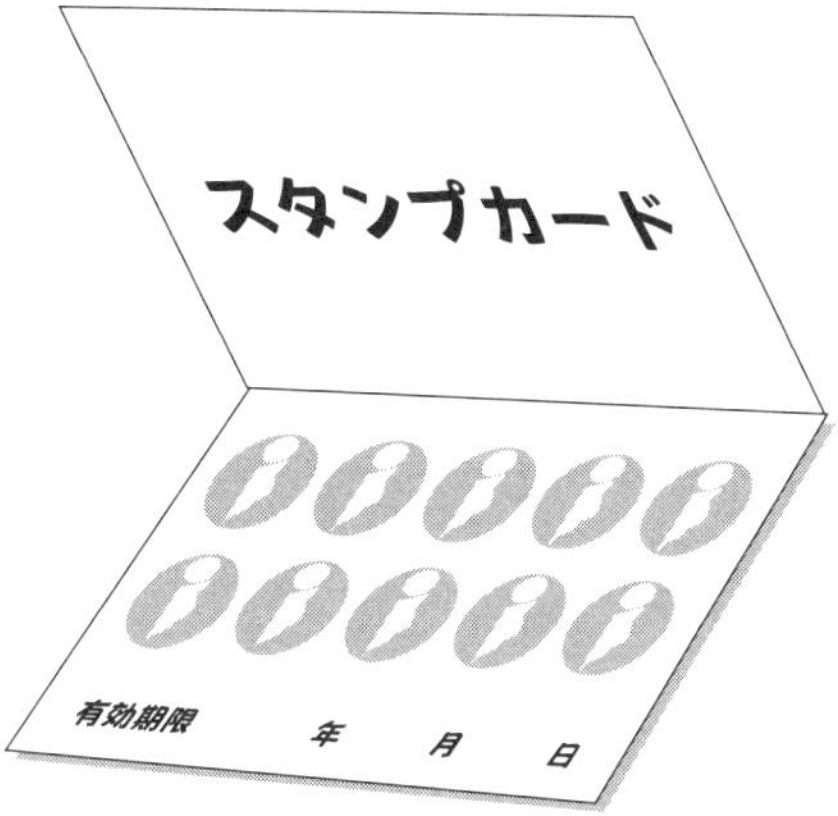

昼にも夜にも使えるようにした点がユニーク。例えばスタンプ4個では、ミニラッシーかミニサングリアが1杯無料。昼の利用で4個溜めたお客が、夜に来た時はミニサングリアのサービスを利用して楽しめるという具合で、ランチ利用のお客を夜にもつなげている。

POINT

・特典で集客力を高めるスタンプカードに、昼と夜との関連性を持たせることで、どちらかに偏らず、それぞれの集客力をバランスよく高めることができる。

102

国産レモンの産地を表示した販促で、注文率20％アップ

本日の産地を表示した酎ハイの販促

コンビニで缶酎ハイが好調で、中でもレモンフレーバーの伸びが大きいということから、ある居酒屋では、「本日のレモン」をアピールする販促を始めた。「本日のレモン」を使ったサワーを注文するとスタンプ1個、スタンプが5個たまると1杯無料になるというもの。

販促を実施していることがよく伝わるよう、店内の黒板に「本日のレモン」を掲示。広島、愛媛や淡路島などの国産レモンを、日替わりで掲示して注意をひくように仕掛けた。この販促でレモンサワーの注文率が1か月で20％伸びたという。

本日のレモン
●月●日は、「愛媛産」
※1杯注文で「レモンサワーカード」に
1スタンプ。スタンプ5個で
サワー1杯無料でサービス致します!!

103

地道か？ 一発逆転か？ お客に自分に合う方を選択してもらう

タイプが違う2種のスタンプカード

ある居酒屋では、来店ごとにスタンプを押すスタンプカードを2種類用意。一つは来店ごとに押すもので、スタンプが3つたまるごとにドリンクを1杯サービスする。もう一つは、毎回サイコロを振って1が出たら500円引きにするもの。前者をコツコツカード、後者を一発カードと命名し、お客に選んでもらっている。

常連客の中には2種類持っている人もいて、その日の気分でコツコツか一発かを選んでいる。「今日は、どっちのポイントカードを使いますか？」というお決まりの会話から始められ、接客にも役立っている。

POINT

・地道に成果が出るのも嬉しいが、時には一発逆転も狙いたい。そんな人間心理を巧みに取り入れ、飽きのこない販促に仕上げている。

104

薬局のお薬手帳をヒントに開発！ 弁当店の「お弁当手帳」

お客との距離を縮めるポイントノート

あるレストランでは、テイクアウトの弁当を買った人に手帳サイズのミニノートを渡し、次回、このノートを持ってきたらお弁当50円引きにする販促をおこなった。ミニノートには、「お弁当手帳」と書き、店名のシールを貼った。お弁当手帳を持参した人には、そのつどメッセージを書いたシールも渡し、ノートに貼っていってもらう。お薬手帳をヒントに考えたもので、メッセージは、その日のおかずのレシピや、調味料の使い方のコツなど、家庭でも役立つ内容にしたのが好評だという。スタンプカードより反応がいいので、この「お弁当手帳」はしばらく続ける予定だという。

POINT

- 家庭で役立つ情報をプラスしたことで親しみのある交流が生まれる。

105

"ルール"の変更で使い勝手をよくし、お客の利用頻度を高める

面白いほど貯まるスタンプカード

あるレストランでは、スタンプカードをひと工夫。来店ごとにスタンプを1個押し、10個たまると500円割引にしていたが、テイクアウトの利用でもスタンプを1個押すようにした。その結果、来店して食事をし、さらにテイクアウトもするとスタンプを2個押してもらえる。

特典も500円割引の他に、弁当1個とも交換できるように改善。スタンプは従来のディナーだけでなく、ランチも押すようにしたところ、主婦の来店客が増す好結果となった。

POINT

・なかなかたまらないと充実感や達成感がなく、お客はあまり活用しなくなる。

・そもそも再来店を促し、客足を固定化するのが目的なので、ルールはできるだけ柔軟な方が効果的。

106

子供客向け会員に特化し家族客を掴む

少子化時代に、家族客獲得に有効な会員限定のイベント

少子高齢化時代、増える高齢者層をどう掴むかと同時に、少なくなる子供層をどう掴むかも重要な問題だ。子供は、次世代のお客であるだけでなく、現状でも親世代の消費行動を左右するからだ。少子時代の親は子供層をより大切にするため、家族で食事となった時、子供のお気に入りの店、子供と楽しめる店が店選びの選択肢の上位に来る。

ある焼肉店では、子供客を対象にした「キッズ会員」を集め、子供層に向けたイベントやサービスで人気を集めている。

ファミリー層が多かったことから始めた試みで、入会したら写真入りの会員証を作って渡し、来店ごとのサービスだけでなく、一部メニューの割引、誕生日の特典など盛りだくさんのサービスを行っている。

さらに、冬はクリスマスやお年玉抽選会、夏は七夕イベントなど、年に数回の会員向けイベントも実施。子供が楽しめる参加型で、家族で盛り上がる。毎回、家族全員の心に残る催しが行われることから、「次回もまた来たい」という熱心なリピーターが大勢いる。このように、子供を中心とした家族で楽しめるイベントが、少子化時代のお客を掴むカギとなる。

POINT

- 同店では、お客が入会申込用紙に記入したら、スタッフがデジカメで顔写真を撮影し、「キッズ会員」の会員証を作る。来店ごとにドリンクバーの無料サービスやプレゼントも用意。誕生日にはバースデー特典も用意する。
- また年間のイベントでは、子供向けの被り物を用意してスタッフが家族撮影したり、美味しそうに料理を食べる姿を撮影しコンテスト形式のイベントも実施する。

107

コインパーキング利用者向けの割引

車のキーで申告を確認。わざわざ来る車利用客が増えた

ある中華料理店は、駅から徒歩10分ほどと離れており、店には駐車スペースがなかった。近くにはコインパーキングは2~3か所あったので、そこに駐車して来店してくれたお客に向けてサービスを始めた。車のキーを見せて車で来たことを申告すると、味付け玉子、メンマもしくは麺かライス大盛りが無料になるというもの。このサービスが好評で、このサービスを始めて車で来店する人が3割ほど増えたという。

POINT

- 同店では、このサービスを3人で来店したら全員に提供している。このこともあり、連れ立って車で来るお客が多く、客数増につながっている。

108

値引きサービスよりも、お客の心に残る一品を

記念日は、映えるプレゼントで集客

お客の記念日に店側からサービスを行うことは多いが、値引きサービスよりも効果的な販促を紹介しよう。

ある回転ずし店では、店から送った誕生日の案内ハガキを持参したお客や、結婚記念日などを自己申告してくれたお客に対し、「プレゼント」を提供し、喜ばれている。そのプレゼントとは、店の食材を利用して盛り付けたかわいい創作ずしで、子供客には端材を用いたミニサイズのすしも、おまけとして添える。

通常、店で仕入れる食材や端材を活用しながらも、〝映える〟特別メニューをプレゼントすることで、お客は特別感や店への好印象を感じ、次回の来店につながりやすい。さらに特別な日のプレゼントは、お客のSNSで拡散するきっかけにもなるため、他のお客の来店にも結び付きやすい。

109

あえて飲み放題に入れてない銘柄をサプライズでプレゼント！

飲み放題客を再来店につなげる凄技

ある居酒屋では、宴会の飲み放題プランを予約したお客に、宴会途中で飲み放題のリストにない焼酎の5合ボトルを提供するサプライズ販促を始めた。焼酎ボトルを提供する際、「飲み放題のお酒には入っていない焼酎ですが、おいしいので、よろしかったら、こちらもお飲みください。もし残っても、このボトルは2か月キープできますので」と説明する。

宴会の途中で提供するのは、あえて残してもらうことを狙ってのもの。事実、飲み残しのボトルをキープしてくれたお客のほとんどが、再来店する。まさに狙いどおりの販促だ。

POINT

・プレゼントの焼酎ボトルは、実際は飲み放題の内容で調整がきくのだが、お客はプレゼントとして受け取るため、効果的なアイデアだ。

110

プチ・サプライズで、喜ばれる「おつまみ」メニュー

予想外に1品多い3点盛りおつまみ

あるレストランバーでは、「おつまみ3点盛り」が人気。ピクルス、チーズ、サラミ、ナッツ、レーズンバター、ツナ、オリーブ、クラッカーとある中から、好みの3点を選んでもらうが、それぞれを単品で注文するより、50円割安にした。

さらに、ここにプチ・サプライズも加えた。選んだ3点のほかに、ポテトチップスを添えている。それも、他のおつまみよりも多い量で。この量の多さがポイントだ。

初めて注文したお客は、「えっ？4点盛り？」と驚く。「4点盛りは頼んでないよ」と言うお客も多いことから、「ポテトチップスは付け合わせなのです」と説明をするという。「あの店の3点盛りは4点盛り」とSNSでも話題になった。

111

シャーベットを利用した、女性客に人気の酒の販促

甘いものプラスで受けた酎ハイ販促

ある居酒屋では、女性客向けのサービスとして、酎ハイにシャーベットを追加できる販促を始めた。

シャーベットは、店でデザートとして用意しているものを利用。レモン、イチゴ、オレンジなど、8種類のシャーベットから選んで酎ハイの上にフロートできるというものだ。

お酒に甘いものを組み合わせるという発想で女性客に喜ばれており、またあまりお酒を飲み慣れない若い男性客にも人気を集めている。

POINT

- さらに同店では、金曜日は特別にシャーベットを3個まで選んでフロートできるようにしたことも評判に。
- シャーベットを3個重ねた酎ハイの写真をＳＮＳでアップしてくれる人は多く、金曜日の女性客の比率は15％アップしたという。

112

メインサイズのサービス品を、サンプルで強烈アピール

おまけを店頭でアピールし差別化

ビジネス街のある中華料理店では、ランチの定食に付ける「おまけ」を店頭でアピールして差別化している。ランチの定食に日替わりで麻婆豆腐、餃子、鶏唐揚げを無料サービスで付けている。サービス品だが、ほぼ1人前の量なので、まるでメインが2種類ある定食の印象だ。

そしてその日のサービス品を店頭でアピールする際、ランチ定食は写真を貼り出し、その写真の前にサービス品のサンプルを並べた。このインパクトで、サラリーマンでランチタイムは20席が3回転する。

POINT

・「おまけ」のサービス品は、仕込み置きできるものを採用。保温して準備しておき、忙しい時間帯でもメインの定食に添える手間だけにして、スピード提供している。

113

メニューにかけるソースを、キャップ付き小瓶で

持ち帰りできる。専用の特製ソース

ある和食店では、揚げ物を注文した人に、特製ソースを添えて提供していた。その特製ソースを、キャップ付きの小瓶に入れ、提供するときに、「よろしければ、お使いになった後、このままお持ち帰りください」とすすめる販促をおこなった。持ち帰りをすすめるとき、サラダにかけても合うことや、玉子焼きにも合うことなども伝えた。

この特製ソースは、レジのところで別容器で販売もしていたが、小瓶を持ち帰ってもらうことで、後日、購入する人が増えたという。

POINT

- お客が持ち帰りたいと思わせるために、どのような料理に合うかを伝えることは重要。
- 店で販売するタレや調味料などの販促にも、役立てられるアイデアだ。

［8章］

ホスピタリティ強化！スタッフ大活躍の接客術

114

非接触型商売が増える時代だから、「人」を感じさせる接客を

予約は、あえて電話のみで受ける

コロナ禍を機に、デジタル技術を活かして様々なシーンで非接触型のスタイルが根付きはじめている。しかしその一方で、非接触が増えている時代だからこそ、人による〝温かみ〟が魅力になると考え、お客との触れ合いの場面――接客サービス――を重視する店もある。

ある中国料理店では、席の予約や宴会の予約はメールではなく、電話のみで受け付けている。特に宴会予約の際は、メニューで食べられない食材の有無だけでなく、お年寄りはいるかどうか、いる場合は座敷がいいかイスがいいかなどもきめ細かく確認。子供客がいる場合は、サプライズとしてプレゼントを用意したりもする。接客の場でお客に店の心づかいを強く印象づけることで、他店との差別化を図れている。

○月△日（木） 予約管理表									
お名前		連絡先	席番号	時間	人数		用途	備考	受付
岩崎太郎	様	090-1234-5678	個室1	12:30	大人	4	おじい様の誕生会	・座椅子2脚 ・ベビーカー 持ち込み	6/10
					子供	2			鈴木
	様				大人				
					子供				
	様				大人				
					子供				
	様				大人				
					子供				
	様				大人				
					子供				

POINT

- 電話での予約では、相手の声を直接聞きながら丁寧な受け答えをすることにより、その後のトラブルも少なくできる。
- 接客シーンで店との触れ合いに満足してもらえるよう、あるダイニングバーでは、お客との会話を盛り上げるため、接客係は身振りをオーバーアクションにし、お客の応えにもオーバーに反応することに意識を持たせているという。

115

昼前、夕前の声かけ宣伝を、通行客に緊張感なく伝える

声かけ宣伝は、〝ながら〟が効く

あるレストランでは、店頭に「今月のおすすめ」をPOPと立て看板に表示して出す。そしてお客が増えるお昼と夕方の前に、そのPOPと立て看板を拭く作業をする。

それは店頭で通行客に声をかけて宣伝をするためで、立て看板の掃除をしながらなのは、呼び込みだけではなく、掃除のついでにお声をかけています、という体裁づくりをした。声をかけた場面で「今月のおすすめ」に興味を抱いた人には、内容の説明もでき、よくランチで利用してくれるお客も増えたという。

POINT

・あらたまっての声かけでは、通行客には身構えてしまう人もいる。しかし掃除など何かの〝ついで〟、何かをし〝ながら〟で行う声かけだと、通行客も緊張することなく聞いてくれることが多い。

116

テーブルに置かず、接客係が直接提示するメニュー表

効果の高い移動式差し込みメニュー

ある居酒屋では、季節のおすすめメニューを、差し込みメニュー表にして客席に置いていたが、それを「移動式」にすることで、季節限定メニュー表の売上げが15％アップした。

「移動式」とは、スタッフが首から下げて歩くというもの。新規オーダーや追加注文を受けるタイミングで随時、首から下げたメニュー表を示し、「この限定メニュー、本日、あと2品になっております」「この料理は、今ご注文いただいたレモンサワーに合うように考えたメニューなのです」とすすめるようにした。

POINT

- 接客係から直接見せられるメニュー表は、好奇心を刺激しやすい。
- 差し込みメニュー表を見せながら、お客とのコミュニケーションの場面も増やせた効果も大きいという。

117

サービスの対象者を予約客のみからフリ客まで拡大し、大好評

メニュー表に「花束…500円」？

あるレストランは、メニュー表に「花束…500円」とのせて好評を博している。以前は予約を受ける際に、誕生日やお祝いなどでの利用で希望があれば、店側で花束を用意していた。だが、予約をしないで来店するお客の中にも、同様にお祝いで利用する人がいることを知り、店側で花束を用意して、そのことをメニュー表で謳うようにした。

メニュー表の「花束…500円」に反応するお客は意外に多く、同伴者へのサプライズで注文する人もいれば、家族へのお土産に買って帰る人もいる。花束に添えるメッセージカードも用意し、こちらもセンスがいい内容と評判を集めている。

POINT

・予約客向けサービスを、フリ客も利用できるようメニュー表で告知。

118

一見、〝マイナス〟に映る改善を〝心遣い〟で転化させ、売れ数増

選べる&季節のソースで魅力を強化

あるレストランでは、卓上に置いていた調味料をなくし、必要なときに声をかけてもらい出すスタイルに変更。さらに、せっかく声をかけてもらうのだからと、店側の心遣いをアピールするためにソースの種類を増やして選べるように魅力を高めた。

メニュー表のトンカツや串カツの箇所に、「ソースは、ゴマソース、トマトソース、玉ねぎソースがありますのでお好きなものをお選びください」と書いてアピール。これだけに止まらず、春はフキ味噌ソース、夏はオクラソースなど、季節感のあるソースも提供。これにより、揚げ物メニューの売れ数がアップした。

POINT

・お客にとって声をかける手間が増えた分、魅力をアップさせることで、お客の満足度を高めた。

119

酒客にも人気で、接客シーンを増やすきっかけにも

チーズフォンデュがヒントのおつまみ

あるレストランでは、チーズフォンデュをヒントに、鍋に入れたチーズを固形燃料で熱して溶かし、さいの目に切ったパンに付けて食べてもらうおつまみを開発。パンに溶けたチーズがからむ食品サンプルを店頭でも設置してアピールした。

そして、客席を見て、パンがなくなりそうなタイミングで、「パンの追加は、いかがですか」と声をかけるようにした。追加のパンを提供するときにも、ひと声かける。お客との会話が増えたことで、お客の要望も聞きやすくなり、次のフェアを考えるヒントも多く得られたという。

POINT

- とろけるチーズのメニューは、酒客全般に人気が高いメニュー。
- チーズは、カマンベール、モッツァレラ、チェダーを用意して、選ぶ楽しさも魅力に。

120

伏線を張って客席で回収する〝シャッターチャンスメニュー〟

客席で作るサワーの〝目の前演出〟

ある和食店では、サワーの「見せる演出」が好評。まず、入口そばにレモンやカボスを砂糖に漬けた瓶をズラリと並べ、自家製果実漬けで作るサワーが名物だとアピール。

注文を受けると、その砂糖漬けの瓶を客席に運び、お客の目の前でグラスに入れる。店側からも、この場面を写真で撮るようにすすめる。また抹茶ハイは、抹茶を茶筅《せん》で立て、客席でグラスに注ぐ。注文したお客のほぼ全員が撮影する人気ぶりだ。

POINT

- 入口そばに自家製果実漬けの瓶を陳列し、お客に「あれは何だろう？」と思わせてから客席で注ぐため、より印象が強くなる。
- 通常作業を客席で行なうと、それだけで演出になる。店側からシャッターチャンスを促すのも有効だ。

121

オイルスプレーで炎が上がる演出が、評判を集める

他の客席から注文を誘う炎のサービス

カウンター席だけのあるバルでは、バーナーで炙る演出が評判を呼んでいる。

それは、ソーセージ、トマト煮などで、チーズのトッピングを追加注文した場合、そのチーズをバーナーで炙ること。バーナーで炙る前に、オリーブオイルをスプレーでひと吹きする。なので、炎がよく立つ。カウンター席のみの店なので、どの席からも炎が目に入る。視覚的に温まってもらおうという狙いもあり、炎を目立たせるためにオイルスプレーのアイデアを思い付いたという。

POINT

- 炎が上がると、「あれ、何?」という声と、「私も注文したい」という声があがり、チーズの追加注文は増えているという。

122

オーダーごとにお客の前で作るデザートが、SNSでも人気

目の前で固まるコーヒーゼリーが人気

あるカフェでは、お客の目の前で作るコーヒーゼリーが人気だ。

熱湯で溶かしておいた寒天とコーヒーを合わせ、ガラスの容器に流し、氷に当てて固める。寒天を使うことですぐに固まるようにし、固まる様子をお客に見せて楽しんでもらえるように、注文ごとに作るようにしたという。

目の前で作る様子をスマホで撮影する人が多く、その写真をSNSで見て食べに来る人が多い。

POINT

- ゼラチンだと、固まるまで冷蔵庫で2~3時間かかるが、寒天を使い、その場で固まる様子を楽しませる。
- オーダーしたお客のために作る「おもてなし感」もあって、満足度が高い。

123

年間を通して定番人気メニューにひと工夫し、話題を集める

季節感で、ポテサラが名物メニューに

ある居酒屋では、定番のポテサラにひと工夫し、季節ごとのポテサラにして売り出して名物にしている。

夏はポテサラにゴーヤの薄切りを、秋には茹でた里芋の薄切りを、冬にはカニカマボコを…という具合に、季節の食材を盛り付けて出す。季節の食材をポテサラに盛り付けるだけでなく、提供時に客席でバーナーで炙る演出も加えた。「ワーッ」と歓声が起きたり、まわりの客席からも注目され、「あれ、なんですか?」とスタッフに尋ねて注文するお客も増え、常に売れ数ベスト3に入るようになった。

POINT

- 人気のポテサラだが、通常なら季節感が無いメニューに季節感を演出すことで、他店と差別化に成功した。
- 上に盛る季節の食材は、同じ季節内でも種類を変えて、常連客を飽きさせないようにしている。

124

スタッフの接客も伴うサワーで、味わいも高まる
サワーが、ひと手間で人気メニューに

ある和食店では、個性的なレモンサワー、ライムサワー、梅サワーが人気だ。他の店と違うのは、スタッフが客席で、レモン、ライム、梅干しをグラスの中でつぶすこと。

カットした果物と焼酎を入れたグラスを客席に運び、お客の前でペストル（カクテル用すりこぎ棒）で果物をつぶし、炭酸水を注ぐというもの。氷はお客の要望を聞いてから入れる。

目の前でつぶすことで香りが立ち、よりフルーティーに感じられる点が他店にない魅力になった。

POINT

- お客自らがマドラーや箸で果物をつぶすよりしっかりつぶれるので、おいしいと評判だという。
- お客の側も、店側から接客されているという満足感も得られる。

[9章]

集客力アップ！
メニュー表、POP、
店舗づくり、店頭PR

125

客席での会話や、SNSでの話題づくりにも役立つ
食品サンプルを、接客シーンに活用

パエリアが名物のあるレストランでは、メニュー表の写真に加え、実物大の食品サンプル(MとLの2サイズ)も用意。パエリアを注文しようとする客席には、実際にその食品サンプルを持参して見せる。

具材の説明だけでなく、「Mサイズだと、足りないかもしれません」などと、客席でのコミュニケーションづくりに役立つほか、この食品サンプルと一緒に写真を撮るお客がほとんどで、それをSNSで拡散してくれる効果は絶大だという。

POINT

- 食品サンプルを飾るだけでなく、客席に運び接客シーンで用いることで、お客との会話のきっかけにしやすい。
- 業種にかかわらず、大きさが売り物のメニューでは、食品サンプル以外に、それを盛り付ける器を見せるという応用もできる。

126

パスタが、追加オーダーで、パンでもおにぎりでも楽しめる

食べ方を提案する追加注文メニュー表

あるカフェでは、ミートソーススパを注文するお客に、「ふた口目にどうぞ」「三口目にどうぞ」と書いたサイドオーダー用メニュー表を渡し、追加注文を増やすのに成功した。

「ふた口目にどうぞ」は、ドッグパン。ミートソーススパをパンにはさみ、焼きそばパンのように味わってもらうもの。「三口目にどうぞ」は、焼きおにぎりで、皿に残ったミートソースをのせて味わってもらう。様々な楽しみ方ができると、追加オーダーに結び付いた。

POINT

・さらに同店では、「このようにパンにはさむとインスタ映えする」「おにぎりにこうのせるとカワイイ」という、見せ方の例を紹介するPOPも用意。話題づくりも提供したことで評判を高めた。

127

開発者顔写真付きメニュー表で、本人がお勧めする

お勧めに熱が入るスタッフ開発サワー

あるバールでは、スタッフ各人がオリジナルサワーを開発。そのサワーの写真を、開発したスタッフの顔写真とともにメニュー表にして売り出した。

スタッフの顔を覚えてもらうのが狙いで、また2か月間の集計で一番売れたものはレギュラー化する狙いもあった。スタッフには、1番売れたらボーナスを出すことにもした。それもあって開発者は「オリジナルサワー」をお客にお勧めするのに力が入り、繰り返して実施したいとオーナーは考えているという。

128

できたての美味しさを楽しませる、高付加価値メニュー

賞味期限1分を謳い、名物のメニュー

料理の美味しさは、できたてが一番と言われるが、その究極ともいえる〝賞味期限1分〟と謳うメニューを名物にするビストロがある。

そのメニューは、パイの上にフルーツトマトをのせ、オーブンで焼いたもの。トマトの果肉がほどよくとろけ、パイとの一体感が増した状態で提供。サクサクのパイと、フルーツトマトの甘さと酸味の、作りたての美味しさを楽しんでもらうのだ。その瞬間を楽しむメニューは、美味しさに加え体験も価値になり、外食の特別感を訴求できる。

POINT

- メニュー名の上に「賞味期限1分！」の表記で、お客の関心をひく。
- 提供時にもスタッフが「サクサク感を楽しむため、すぐにお召し上がりください」との一言を加えることで、商品価値を高めることができる。

129

ターゲットの客層がイメージしやすい表現で注文獲得

酒の個性を芸能人に例えて評判に

近年では「あえてお酒を飲まない」層が話題になるなど、若者層を中心に〝酒離れ〟が続いている。そうした中、酒の初心者にもオーダーしやすい方法を取り入れて成功している居酒屋がある。

その店では、酒の個性をお客がイメージできる売り方にして人気を集めている。同店では、お酒を飲み始めた若い女性をターゲットに、その客層が注文しやすいよう、日本酒の味をイメージしてもらうことを重視。客席ではラベルを見せながらワイングラスに注ぎ、ソムリエのように味の説明を行うが、ユニークなのがメニュー表だ。

各銘柄の味のイメージを20歳台に人気の芸能人に例えて記載したこと。酒の味わいと、記された芸能人のイメージを確かめ、お客同士で楽しめるようにして

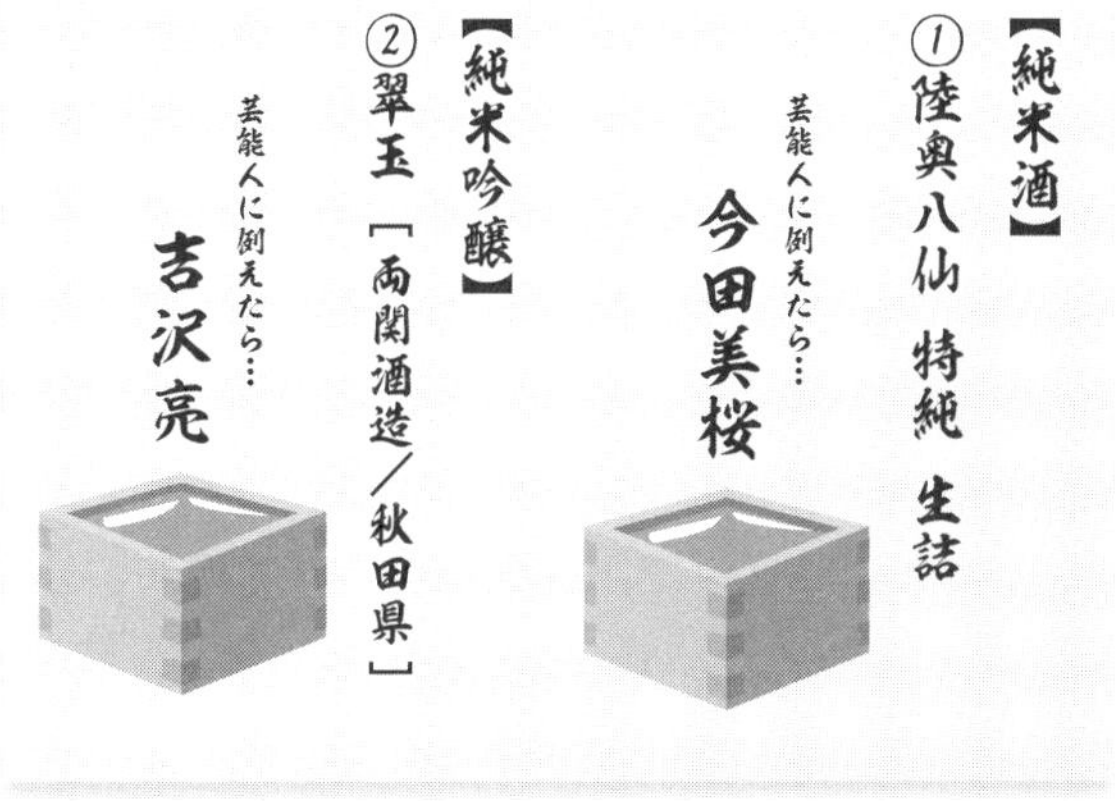

いる。店のターゲットの客層がよく知るものに酒の個性を例えることで、お客にとってイメージしやすく、親しみやすさも生まれ、注文しやすくなる。

POINT

- 酒の味には様々な表現があるが、まだ飲み慣れない客層には分かりにくい面もある。しかし身近なものに例えることで、イメージしやすく親しみやすさを感じさせ、注文しやすくなる。
- 日本酒だけでなく、他の酒にも応用できる売り方といえる。

130

黒板メニューよりも見やすくて、インパクトも大

視認性の高い**大型ボード**のメニュー表

あるバルでは、視認性の高いメニュー表で評判を集めている。その店では、壁一面に大型ボードを取り付け、そこにメニュー表を貼り出した。

見やすくするために「お魚メニュー」「お肉メニュー」「揚げものメニュー」…といったジャンル分けをし、それぞれを大きな紙1枚に書いてボードに貼り出した。どの席からでも見やすいよう、文字は見やすい太マジックで書いている。

大きなボードでインパクトもあり、注目されやすいという利点もある。

POINT

・同店では、メニュー名も料理を連想しやすいシンプルなものにしており、写真が無くても選びやすい。

・黒板メニューだと、メニュー数が多いと文字が小さく見にくくなるが、紙1枚に1ジャンルで書いてあるから、見分けやすい。

131

“グランド”だと埋もれかねない情報を“差し込み”で目立たせる

男性客が注視する糖質ゼロメニュー

あるレストランでは、酒類の中で「糖質ゼロ」、「プリン体ゼロ」をうたうものが好評ということから、今までのメニュー表とは別に、「プリン体ゼロのアルコール」、「糖質ゼロのアルコール」の2種類の差し込みのメニュー表を作って客席に設置した。

男性客ほど、この差し込みメニュー表から選ぶ人が多く、この差し込みメニュー表を置いてから、アルコールの売上げが2か月で5％ほど伸び、まだ伸びる手ごたえがあるという。

POINT

- 差し込みのメニュー表は、グランドのメニュー表とは違った特別感を訴求できる。
- テーマ性を持たせることで、その内容に興味のある人や、潜在的な意識を持つ人にさらに特別感を持たせることができる。

132

秘蔵感で付加価値が高まり、お客の興味を掻き立てる

「何で？」と尋ねたくなるネーミング

新年度が始まると、新規客の獲得が期待できる。あるレストランでは、お客とのコミュニケーションを取りやすくするメニューを限定販売。それが、「店長が大事に取っておいた」シリーズである。数量や期間が限定なだけでなく、そこに「店長が大事にとっておいた限定国産ワイン」「店長が大事に取っておいた自家製ジャム」という、ひと言を添えたのだ。

どうして大事に取っておいたのか、どこが大事なのかと、お店の人に尋ねたくなるように含みを持たせ、お客との会話の糸口を増やしたのである。実際、その狙い通りに質問してくるお客が多く、そこからかなりの確率で注文につながっている

POINT

- 自然と会話が始まり、商品の魅力を伝えられる秀逸な仕掛け。

133

〝マニアック〟なジャンルだからこそ、〝豆知識〟がお客に刺さる
注文するほど知識が得られる満足感

あるレストランではチーズを使った料理を注文したお客に、そのチーズに関する豆知識を書いたカードを一緒にプレゼントする。「この料理に用いたスカモルツァのチーズについて書いてありますので、よろしければお持ちになってください！」とひと言添え、料理と一緒に手渡している。

読みやすいよう、長くても200字程度の文章にまとめているのも特徴。

同様に、珍しい野菜についての説明カードも用意している。このカードを目当てに再来店する人もいるほどで、今後はワインの説明カードにも挑戦していく意向だ。

POINT

- チーズ、ワイン、珍しい野菜などに関心を持つ人は、探求心が強い一面もある。だからこそ、豆知識カードが大きく威力を発揮する。

134

集客につなげる黒板メニューの使い方

びっしり手書きしたメニュー、価格で手軽さも表示

店内に呼び込んだお客は、店のファンになってもらい、次回の利用につなげることで、客数増が達成できる。コスパの高いメニューで人気を集めるある立ち飲み店では、その魅力を来店したお客に伝えるために、黒板メニューを積極的に活用している。

日替わり料理や、おすすめを手で書き込む黒板メニューは、元々定番メニューなどと比較しても注目度が高いもの。同店ではその黒板メニューを店内の目立つ場所に置き、アピールしている。

さらに、この黒板メニューは、全体にぎっしりと、当日の仕入れ状況に応じたおすすめ料理を書き込んでいる。しかも価格は100円台~500円台のもので構成。手軽に注文してみたくなる料理を多く揃えることで、黒板メニューへの

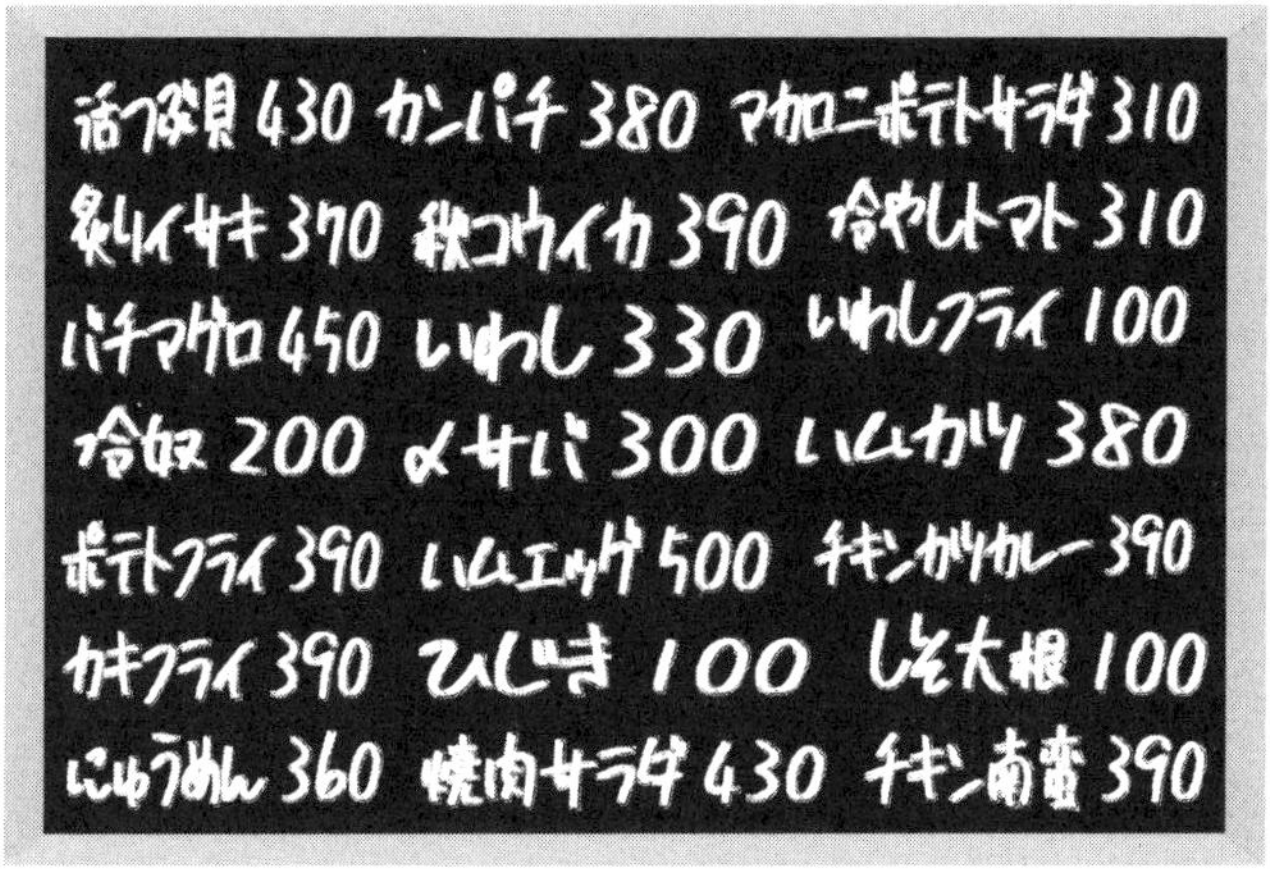

お客の関心をさらに高め、店の料理への期待感も高めて、その日だけではなく、次回の来店にもつなげている。

POINT

- 同店ではさらに、ネット検索して来店するお客の目に留まるように、この黒板メニューを写メで撮ってSNSへも投稿し、集客に役立てている。

135

看板やＰＯＰを効果的に活用することで、フリ客を集める

視認性を高め、お客をビル上階に誘導

飲食店にとって、視認性は重要な集客ポイントだ。シンプルに「どういう店か」を訴えかけることが、フリ客に店への関心を持ってもらう第一歩。足を運びにくい地下やビル上の立地ほど、その要素は大きい。

視認性の高い看板類やユニークなＰＯＰを駆使し、ビル2階にまでお客に足を運ばせ、人気を集めているレストランがある。同店はビル2階で、通行人に店をアピールするため、黄色地に赤文字で店のメニューの魅力をアピールする目立つデザインの看板を設置。あわせて階段部分の壁にはメニュー写真とメニュー表を貼り出した。ビルの看板に興味を持った人に、階段部分でメニュー写真と価格入りのメニュー表を表示することで、入りにくい場所でも安心感を持って2階の店に上がってきてもらう仕掛けを設けたのだ。

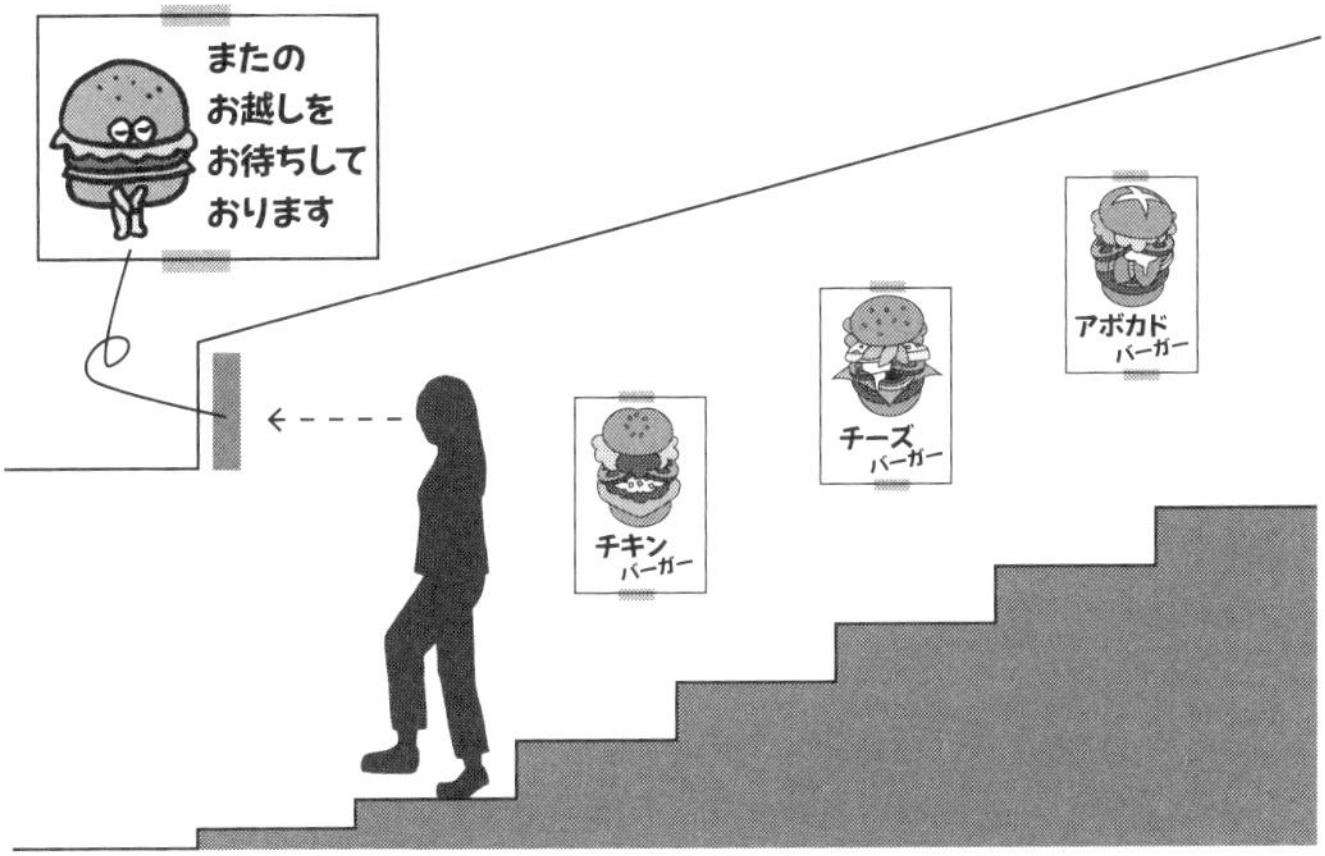

さらに階段部分の下りのお客の視線に入るスペースに、ユニークなイラスト入りで「ありがとうございました！またのお越しをお待ちしております。」と挨拶のPOPを貼り出した。このPOPで、利用後にも店の印象を強く感じてもらい、次回の来店につなげている。

136

実施していることを知らせる、店頭での目立つアピールを

持ち帰り販売は、視認性の高さがカギ

店の規模や客席数に囚われず、売上を確保できる「持ち帰り」に注目する店は多い。しかし、持ち帰り商品を置けば、すぐにオーダーにつながるというわけではない。まず大事なのは、お客へのアピールだ。

宅配や持ち帰り弁当に力を入れているある和食レストランでは、道行く人だけでなく車で店前を通過する人からも目立つよう、店頭にのぼり旗をたくさん立て、看板も置いて持ち帰りメニューをアピール。あわせてチラシ類にも力を入れることで、注文につなげている。

どの立地でも、「持ち帰り」販売は、行っていることを知らせるのが最も重要で、その次が内容の充実といわれる。控えめな貼り紙だけでは、お客の関心は呼ばない。持ち帰りは他店も行っているだけに、やはり目立つように看板類を効果的に用い、

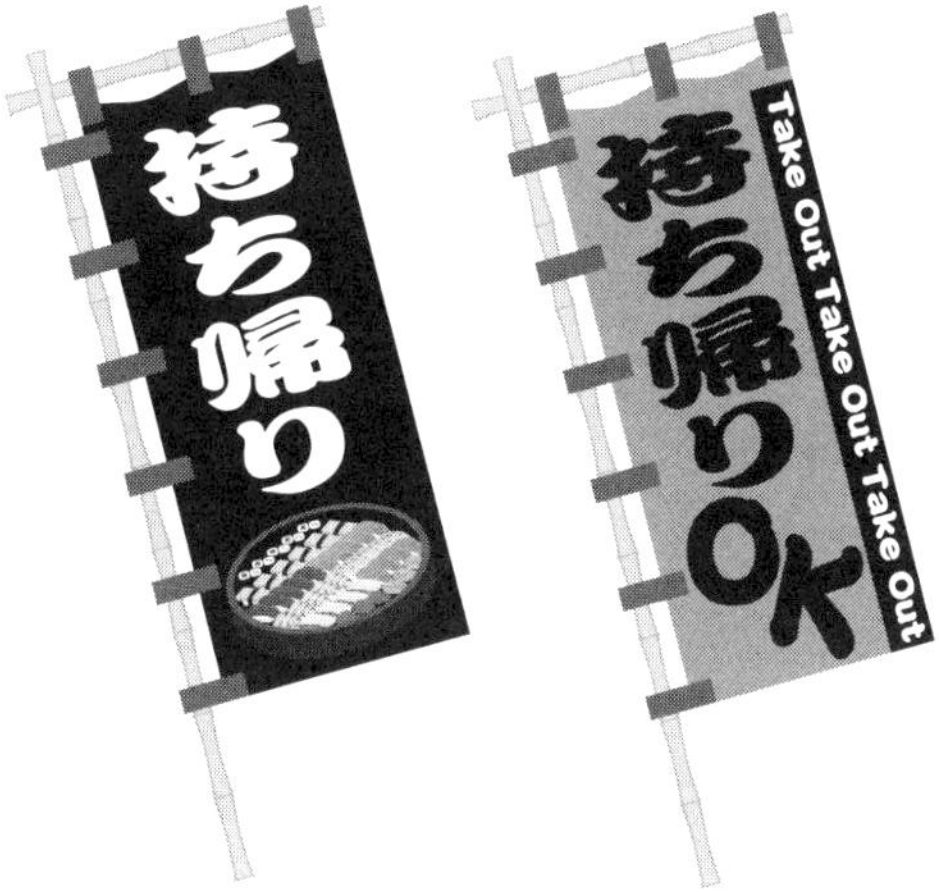

アピールすることが必要といえる。あまりに単純なことではあるが、最も重要なポイントである。

POINT

・スペースに余裕がある店なら、店頭で「持ち帰りやってます！」といったのぼり旗をたくさん立てる。車客からも見えるようアピールすると、遠方からもお客を呼べる。
・店頭スペースが小さな店でも、目立つＰＯＰなどで持ち帰り販売をアピールしたい。

137

初めて店を利用するお客が感じる、入りにくさを緩和する
〝刺さる言葉〟で集客に貢献する看板

グルメサイトが充実し、店の情報が事前に確認できる現在でも、初めての店ほど来店しづらいもの。

そこで重視したいのが、店頭で入りやすさをアピールすること。ある居酒屋では、店頭の看板に気の利いた〝ひと言〟を加えて集客力を高めている。同店では、入口脇に看板を置き、そこにメニュー写真、「刺身350円～」といった告知とともに、「ご新規さん大歓迎」の手書き告知を付けてアピールしている。またそれに加えて、「お一人様（少人数）大歓迎♡」の小看板も添えている。「ご新規さん」「お一人様」といった、接客の際によく使われる言葉をそのまま看板に用いた点がユニークだ。

お客にとっても、出張先などの知らない地域で店探しをしている人や、1人で利用したいと思っている人には、自分のことを言われているようで、刺さる言葉

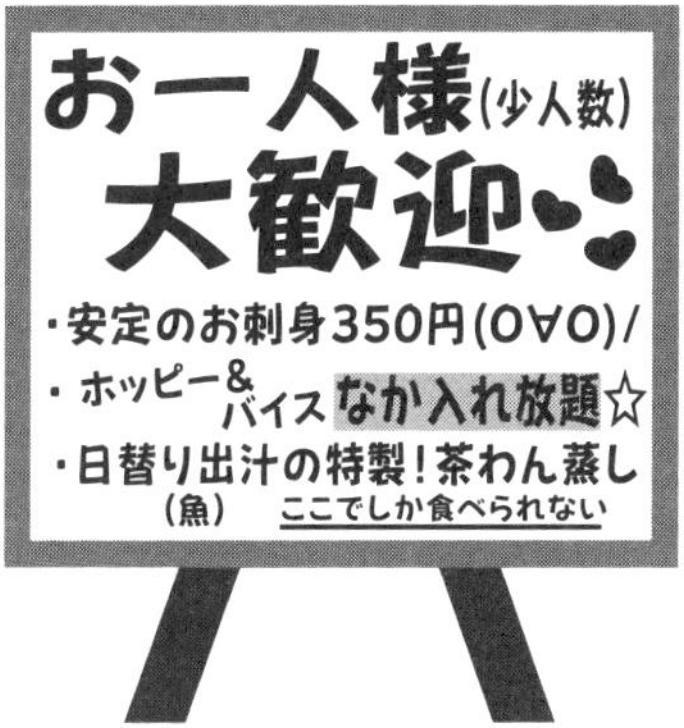
お一人様(少人数)
大歓迎
・安定のお刺身350円(O∀O)/
・ホッピー&バイス なか入れ放題☆
・日替り出汁の特製！茶わん蒸し
(魚)
ここでしか食べられない

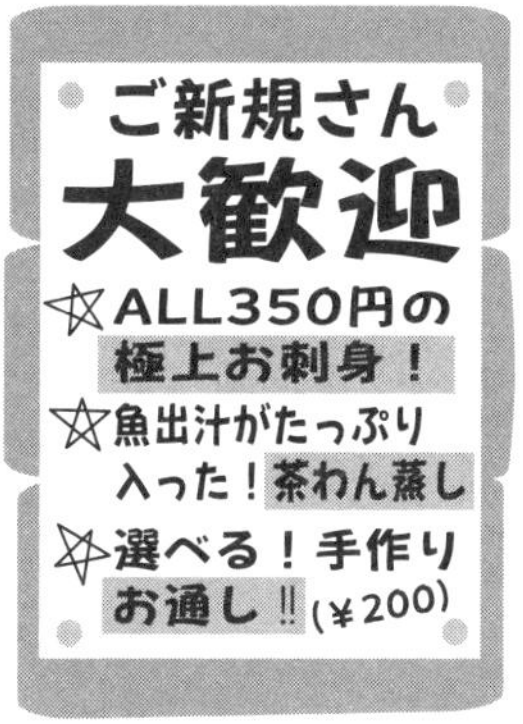
ご新規さん
大歓迎
☆ALL350円の極上お刺身！
☆魚出汁がたっぷり入った！茶わん蒸し
☆選べる！手作りお通し‼(¥200)

であり、ちょっと寄ってみようかという気持ちにもなることから、集客に結びついている。

POINT

・初めてのお客の来店動機を刺激する気の利いた言葉は、業種を限らないことから、集客を狙いたいこれからの時期の看板に利用したい。
・若者向けの刺さる言葉を使えば、新社会人や、外食に馴れていない新しい層の集客にも役立つ。

138

薄暗い中、ランタンの灯を頼りに「掘り出し物」を探す楽しさ

ワインセラーをアトラクションに活用

あるレストランでは、ワインセラーをイベント的に活用している。

同店のワインセラーは、客席に隣接した3坪ほどのスペース。そこにお客に入ってもらい、ボトルワインを選んでもらうという趣向。セラーの中は薄暗いので、入るときにランタン型の電灯を渡し、「足元にお気を付けください」と言い添える。さらに、「掘り出し物がありますので、探してください」と説明する。

薄暗い中、電灯を頼りに、お得なワインを探索するアトラクションに参加しているような楽しさもあり、セラーの中のボトルワインを注文したいというお客は増えている。

POINT

・ワイン選びで迷ってあまり時間がかからないよう、ボトルには味の特徴をコメントし、スタッフが同行して解説するとスムーズに行える。

139

1人客が気軽に楽しめる工夫を施し、店の間口を広げる

少人数向けに、客席もメニューも工夫

ある人気居酒屋では、立ち飲みカウンター席と少人数向けテーブル席の両方を設置。それぞれの席でお客の利用動機が異なるため、利用の間口を広げる工夫をしている。

メニュー構成も工夫し、売り物である刺身は1人客も楽しめるように、1切れ盛りの盛り合わせを提供し、注文を上手に誘導。また、刺身と好相性の日本酒も半合売りにするなど、少人数利用を前提にした売り方となっている。

POINT

- 少人数、サク飲み利用に対応した客席と商品構成が間口拡大のカギ。
- 小ポーションの料理は、メニュー表に「小分け料理」のアイコンを表記し、オーダーを喚起する。いずれも400～600円の価格設定で、気軽な注文を促している。

上手な「販促計画」の立て方

&販促に役立つ〝記念日〟カレンダー

販促は、例えいいアイデアがあったとしても、それを場当たり的に行なっていては、なかなか効果の出るものではありません。成果を上げるためには、1年間の販促スケジュールを立てて実施するなど、ある程度の長期的視野にたった計画づくりが欠かせません。飲食店の販促計画の立て方には様々な手法がありますが、ここでは、その中でも基本的な方法を解説しましょう。

◎自店の販促の目的を考える

販促計画を立てる大前提として、まずは自店で販促を行う目的とは何なのかを考えましょう。

販促の目的とは、もちろん最終的には店の売上を伸ばすことなのですが、ここで考えたいのは、売上を伸ばすための具体的な目的として、例えば、新規客を増やす、リピーターを増やす、あるいは客単価を上げる、SNSでの露出回数を増やす…といったことを考えることです。

また年間で見て、売上が好調な時期はさらに売上を伸ばす、低調な時期は売上減少を防ぎ底上げをするなど、店の経営状況を販促面でフォローする発想も必要です。つまり、どのような方策で売上を伸ばすかを考えてください。

◎自店の状態を把握する

そこで当然のことですが、「自店での販促の目的」を考えるためには、まず自店の過去の業績の把握が必要になります。

前年の各月の売上推移、客数・客単価の変化をはじめ、リピーター率はどれくらいか、どんな客層が来店したかなどもチェックします。これは同時に、お店の状態をチェックすることにもつながります。売上が落ちている時期のQSC（クオリティ・サービス・クレンリネス）の状態は悪くなっていなかったか、近所に競合店が出来た等の変化はなかったか、といった変化を把握することも大事になります。

ちなみに、新規開業をされたお店では過去の実績がまだ出ていません。ただ、開業に当たって開業計画書を作る際に、売上目標やターゲットの客層などを熟考されているはずですから、それをもとにして前項の販促の目的をよく考えておくことが、販促に取り組む際にはたいへん重要になります。

◎季節やイベント等、1年間の動きを知る

自店の状態を把握したら、次は、一年間を通じてのお客の動向変化やニーズの変化、さらには季節のイベントや周辺地域の催しなど、外部環境の変化を把握していくことです。

例えば、入学や就職、転勤などで人の移動が多い春先は、歓送迎会などの需要がある

のと同時に、新規客が増える可能性があります。するとそこに合わせて、新規客を獲得する販促を考えることもできます。また、毎年近所で夏祭りなどがある場合、その祭りにあわせたイベントを考案することもできます。

他にも、クリスマスやバレンタインデー、祝日などの記念日に関しても、お客のニーズを掘り起こすチャンスはあるはずで、それを把握することで、自店にとっての集客の攻めどころも見えてくるでしょう。

こうした外部環境の変化を含めた1年間の動きは、表にしてまとめてみるとわかりやすくなります。より効果のある販促を考える、あるいは隠れたお客のニーズを探る上でも役立ちます。

◎販促の「重点強化ポイント」を定める

このように、数値から分かる自店の特徴や課題、それに年間を通じた外部環境の変化を把握する中で、販促の重点強化ポイントを明確にしていきます。

例えば、新規の来店客が減っていると分析できたなら、新規客を集める施策が必要になりますし、年末の繁忙期の売上がまだ伸ばせると分析できたならば、繁忙期前のPRを強化することも大事です。

いずれにしろ、店づくりや年間の動向に応じて、販促の狙い目をつけることで、年間を通じた販促計画の基本的な方向性を見出すことができます。この方向性を持たないと、計画を立てる糸口が見つからないし、一つの販促を仕掛けた結果、どれくらいの成果があったのかを評価する基準ももてなくなります。

いろいろな販促を行なっても、店の方向性に沿うものでなくては効果が薄れてしまいかねません。まずは、この販促の重点強化項目をしっかり認識しておくことが大切です。

◎重点強化期間を決め、予算配分する

次に、実際にいつ販促を仕掛け、どれぐらいの予算をかけるとよいのかを検討するのですが、限られた予算の中で効果を高めるためには、販促の軸となる重点期間を定めることも大切なポイントです。

そこで目安の一つとなるのが、自店の繁忙期に重点を置いて販促を仕掛ける発想です。業種業態によって多少異なりますが、繁忙期は、3〜4月の歓送迎会シーズン、7〜8月の夏休み、そして11〜1月の年末年始シーズンが一般的です。これらの時期に、重点的に予算を配分し、おすすめメニューの開発やイベントの準備、SNS、チラシ・DM等の配布を早いタイミングで行ない、お客に告知することで、より大きな売上アップを得る可能性が出てきます。

一方、2月、6月、9月などの時期が閑散期になる飲食店もあるはずです。ここで考えたいのが、繁忙期に集まったお客を閑散期にも引き寄せるような販促の仕掛け方で

す。歓送迎会シーズンに来店したお客に、5～6月に使えるサービス券を配るというのもその一つ。また、閑散期にイベントを企画し、そこで集まったお客に繁忙期に向けた店の案内をするという手も考えられます。このように、繁忙期↓閑散期↓繁忙期といったサイクルに合わせて販促計画を立て、好循環を生み出す発想も注目したいところです。

◎計画を立てることのメリット

販促の重点強化項目や期間、予算の配分を設定した後は、その実行に向けてどんな販促を仕掛けるか、内容を検討し、準備期間を定めます。販促のアイデア自体は本編を参考にしていただくとして、この準備期間を定めることによるメリットをお話ししたいと思います。

例えば、メニューのフェアを行なう場合、事前にスケジュールを立てておけば、そのメニューに使う食材の値段交渉などを、仕入れ業者に早めに相談できるはずです。場合によっては、協賛していただける取引先もあるかもしれません。また、イベントなどの販促では、お客にどう告知するかが成功のポイント。SNS投稿、チラシや店頭のPOPの作製、懸垂幕・タペストリーなども、事前にキャッチコピーやデザインをよく検討することで効果が上がります。事前に準備期間を定めておけば、コストダウンとPR力のアップの両面が期待できるのです。

他にも、販促に向けて店のスタッフの協力を得ることも、あらかじめ計画を立てておくとやりやすくなります。スタッフ同士で販促のアイデアを考えてもらうこともできます。やはり何事も成功のためには早めの準備が大切です。

◎柔軟性を持つことでチャンスが広がる

販促計画を立て、それを成功させるためには、重点強化ポイントに定めた期間のチャンスを確実にものにすることがまず大事ですが、同時に、隠れたチャンスを見逃さない姿勢も必要です。

販促の年間スケジュールを立て、計画通りに販促を進める間も、お客の動向変化や商圏での突発的なイベントなど、外部環境の変化はあるものです。仮に最初の計画で見落としていたお客のニーズを見出すことができたなら、そこに素早く対応する柔軟さを持つことも大事なのです。

例えば、ある店では、店前の通りを、近隣の公園へ花見に向かう人が多く通過することに気づき、新たに「花見弁当」を販売して短期間ながら売上を伸ばすことに成功しました。こうした販促にかける費用は、あらかじめ定めておいた予算を回すようにすると上手く行きます。突発的な販促が必要になることも、あらかじめ年間販促スケジュールに組み込んでおけば、よりスムーズに対応ができるでしょう。

なお、実際の販促活動は、一つの販促を実

行しながらも、次の販促の準備を進めるという風に、複数の販売を同時並行的に行なうことになります。そこで、現在の販促を行いながらも、お客には早いタイミングで次の販促を知らせて期待感を高め、再来店を促すなど、集客の好循環を作っていくようにしてください。

◎実行→検証をして次に生かす

このような準備をして販促を実行に移した後は、その販促の成果を集計し、どの程度の成果があったのかを評価します。そうすることで、次の販促計画を立てるためのデータとして活用することができます。

販促をしても成果が上がらない、日々の営業が忙しくてなかなか手が回らないという飲食店店主の人も少なくありません。しかし、このように販促のスケジュールを立て、実行し、検証して次に生かすサイクルができれば、何より販促を行なうことへの習慣が身につきます。成功体験が得られれば、次はもっとよくしようという力も湧いてきます。そのようにして店の実力を身につけられることも、販促計画を立てることの利点といえるでしょう。

次ページから、1年のうちで飲食にかかわる祝・祭日や記念日と毎月の食の記念日を年度始めからのカレンダーにしました。販促のきっかけとして、有効活用してください。

【毎月の記念日】

1日	あずきの日、釜飯の日
2日	
3日	みたらしだんごの日、くるみパンの日
4日	みたらしだんごの日
5日	みたらしだんごの日
6日	手巻きロールケーキの日
7日	生パスタの日
8日	生パスタの日、果物の日、米の日
9日	クレープの日
10日	パンケーキの日、魚の日
11日	麺の日
12日	豆腐の日、パンの日
13日	一汁三菜の日
14日	
15日	中華の日、お菓子の日
16日	トロの日
17日	いなりの日、減塩の日
18日	米の日、ホタテの日
19日	いいきゅうりの日（4月を除く）、シュークリームの日、松坂牛の日、クレープの日
20日	ワインの日
21日	漬物の日
22日	カニカマの日（6月を除く）
23日	乳酸菌の日
24日	削り節の日
25日	プリンの日
26日	プルーンの日
27日	ツナの日
28日	にわとりの日、米の日
29日	クレープの日、肉の日
30日	サワーの日、みその日
31日	菜の日
毎月最終日　そばの日	

4月

4月1日	エイプリルフール、トレーニングの日
4月2日	しゃぶしゃぶの日
4月3日	輸入洋酒の日、シーサーの日
4月4日	あんぱんの日、フォーの日
4月5日	デビューの日
4月6日	マシュマロの日、春巻きの日
4月7日	
4月8日	おからの日
4月9日	食と野菜ソムリエの日
4月10日	駅弁の日、ほうとうの日、酒盗の日
4月11日	しっかりいい朝食の日
4月12日	パンの記念日
4月13日	水産デー、喫茶店の日
4月14日	オレンジデー
4月15日	いちご大福の日
4月16日	エスプレッソの日
4月17日	
4月18日	発明の日
4月19日	食育の日
4月20日	ジャムの日
4月21日	オーベルジュの日
4月22日	よい夫婦の日
4月23日	シジミの日
4月24日	
4月25日	
4月26日	
4月27日	
4月28日	缶ジュース発売記念日、ドイツワインの日
4月29日	ナポリタンの日
4月30日	

5月

5月1日	緑茶の日、コインの日
5月2日	カルシウムの日、
5月3日	
5月4日	しらすの日、巻寿司の日
5月5日	こどもの日、うずらの日、かずの子の日
5月6日	ふりかけの日、コロッケの日
5月7日	ココナッツの日、コナモンの日
5月8日	ゴーヤーの日
5月9日	アイスクリームの日
5月10日	
5月11日	
5月12日	アセローラの日
5月13日	カクテルの日
5月14日	マーマレードの日
5月15日	ヨーグルトの日
5月16日	旅の日
5月17日	お茶漬けの日
5月18日	ファイバーの日
5月19日	
5月20日	世界ミツバチの日
5月21日	
5月22日	たまご料理の日
5月23日	
5月24日	伊達巻の日
5月25日	食堂車の日
5月26日	
5月27日	小松菜の日
5月28日	花火の日、ワールドハンバーガー・デー
5月29日	こんにゃくの日
5月30日	
5月31日	

※5月第2日曜日：母の日

6月

6月1日	牛乳の日、鮎の日、氷の日
6月2日	オムレツの日、甘露煮の日、イタリアワインの日
6月3日	アジの日
6月4日	蒸しパンの日
6月5日	
6月6日	大麦の日、メロンの日、らっきょうの日、梅の日、ローカロリーな食生活の日
6月7日	世界食の安全デー
6月8日	ガパオの日
6月9日	たまごの日、岩ガキの日
6月10日	ミルクキャラメルの日、ところてんの日、ローストビーフの日、梅酒の日
6月11日	
6月12日	恋と革命のインドカリーの日
6月13日	いいみょうがの日
6月14日	手羽先記念日
6月15日	生姜の日
6月16日	麦とろの日、和菓子の日
6月17日	
6月18日	おにぎりの日
6月19日	
6月20日	ペパーミントの日
6月21日	えびフライの日、フルーツカービングの日
6月22日	かにの日
6月23日	
6月24日	
6月25日	生酒の日
6月26日	
6月27日	ちらし寿司の日
6月28日	パフェの日
6月29日	佃煮の日
6月30日	

※6月第3日曜日：父の日

7月

7月1日	さしみこんにゃくの日、じゅんさいの日
7月2日	アマニの日、うどんの日
7月3日	塩と暮らしの日、七味の日、ソフトクリームの日
7月4日	シーザーサラダの日、梨の日
7月5日	穴子の日、とりなんこつの日
7月6日	ナンの日、サラダ記念日
7月7日	七夕、高菜の日、カルピスの日、笹かまの日
7月8日	チキン南蛮の日、中国茶の日
7月9日	おなかキレイの日
7月10日	納豆の日、ブナピーの日
7月11日	ラーメンの日、アルカリイオン水の日
7月12日	洋食器の日
7月13日	もつ焼の日
7月14日	ゼラチンの日、ゼリーの日
7月15日	
7月16日	からしの日
7月17日	
7月18日	
7月19日	
7月20日	マドレーヌの日、ハンバーガーの日
7月21日	烏骨鶏の日
7月22日	ナッツの日
7月23日	天ぷらの日、カシスの日
7月24日	
7月25日	うま味調味料の日、かき氷の日
7月26日	
7月27日	スイカの日
7月28日	菜っ葉の日
7月29日	福神漬の日、白だしの日
7月30日	生サーモンの日、梅干の日
7月31日	

※7月第3月曜日:海の日

8月

8月1日	カフェオーレの日、水の日、パインの日、バイキングの日
8月2日	ハーブの日、おやつの日、カレーうどんの日
8月3日	八丁味噌の日、パールミルクティーの日、ハモの日、はちみつの日
8月4日	箸の日、ビヤホールの日
8月5日	親子丼の日、パン粉の日、発酵の日
8月6日	ハムの日
8月7日	バナナの日、オクラの日
8月8日	チャーハンの日、たこ焼の日、ブルーベリーの日、洋食の日
8月9日	ハンバーグの日
8月10日	やきとりの日、ハイボールの日
8月11日	山の日、マッシュルームの日
8月12日	
8月13日	
8月14日	
8月15日	刺身の日
8月16日	
8月17日	パイナップルの日
8月18日	健康食育の日、ビーフンの日
8月19日	
8月20日	
8月21日	おいしいバターの日
8月22日	
8月23日	油の日
8月24日	ドレッシングの日、愛酒の日
8月25日	サマークリスマス
8月26日	
8月27日	ジェラートの日
8月28日	
8月29日	焼肉の日
8月30日	
8月31日	野菜の日

9月

9月1日	ギリシャヨーグルトの日、キウイの日、マテ茶の日
9月2日	くず餅の日
9月3日	グミの日、クエン酸の日
9月4日	串の日
9月5日	
9月6日	飴の日、黒にんにくの日、クロレラの日、黒酢の日、黒豆の日
9月7日	近江ちゃんぽんの日
9月8日	ハヤシの日
9月9日	ポップコーンの日
9月10日	牛たんの日
9月11日	たんぱく質の日
9月12日	
9月13日	
9月14日	食いしん坊の日
9月15日	ひじきの日
9月16日	アサイーの日
9月17日	イタリア料理の日
9月18日	かいわれ大根の日
9月19日	
9月20日	
9月21日	海老の日、ガトーショコラの日
9月22日	秋分の日
9月23日	おいしい小麦粉の日
9月24日	海藻サラダの日
9月25日	
9月26日	
9月27日	世界観光デー
9月28日	
9月29日	洋菓子の日
9月30日	クミンの日、宅配ピザの日

※9月第3月曜日：敬老の日　※9月秋分の日の前後3日間：秋のお彼岸

10月

10月1日	トンカツの日、日本茶の日、コーヒーの日、日本酒の日、醤油の日
10月2日	とんこつラーメンの日、スンドゥブの日、豆腐の日
10月3日	ドイツパンの日
10月4日	糖質ゼロの日
10月5日	レモンの日、みそおでんの日
10月6日	夢を叶える日
10月7日	大人のダイエットの日
10月8日	焼おにぎりの日、ようかんの日、そばの日
10月9日	マカロンの日
10月10日	ちくわぶの日、ポテトサラダの日、お好み焼の日、トマトの日
10月11日	
10月12日	鯛の日、豆乳の日
10月13日	豆の日、ピザまんの日、サツマイモの日
10月14日	焼うどんの日
10月15日	きのこの日
10月16日	世界食料デー
10月17日	沖縄そばの日
10月18日	天津飯の日、冷凍食品の日
10月19日	いか塩辛の日
10月20日	老舗の日
10月21日	
10月22日	ドリップコーヒーの日
10月23日	オーツミルクの日
10月24日	マーガリンの日
10月25日	世界パスタデー、新潟米の日
10月26日	柿の日、きしめんの日、青汁の日
10月27日	
10月28日	おだしの日
10月29日	ドリアの日、おしぼりの日、国産鶏肉の日
10月30日	たまごかけごはんの日
10月31日	ハロウィン、日本茶の日

※10月第2月曜日：スポーツの日　※10月第4金曜日：シャンパーニュ・デイ

11月

11月1日	すしの日、ソーセージの日、野沢菜の日、紅茶の日
11月2日	都市農業の日、いい血圧の日
11月3日	文化の日、高野豆腐の日、調味料の日
11月4日	かき揚げの日
11月5日	ごまの日、いい酵母の日
11月6日	巻寿司の日、いいもち麦の日
11月7日	鍋の日、ココアの日、ソースの日
11月8日	
11月9日	アイシングクッキーの日、タピオカの日
11月10日	かりんとうの日
11月11日	いただきますの日、生ハムの日、たくあんの日、 立ち飲みの日、鮭の日、チーズの日
11月12日	いいにらの日
11月13日	いい焼き芋の日
11月14日	タルタルソースの日
11月15日	七五三、のど飴の日、かまぼこの日、昆布の日
11月16日	いいビール飲みの日
11月17日	蓮根の日
11月18日	
11月19日	農協記念日
11月20日	ピザの日
11月21日	フライドチキンの日、かきフライの日
11月22日	回転寿司記念日、いい夫婦の日
11月23日	勤労感謝の日、お赤飯の日、珍味の日、外食の日
11月24日	和食の日、鰹節の日
11月25日	いい笑顔の日、OLの日
11月26日	鉄分の日
11月27日	
11月28日	フランスパンの日
11月29日	いい肉の日、肉まんの日
11月30日	本みりんの日

12月

12月1日	ワッフルの日、カレー南蛮の日
12月2日	デーツの日、ビフィズス菌の日
12月3日	妻の日
12月4日	
12月5日	
12月6日	
12月7日	クリスマスツリーの日
12月8日	有機農業の日
12月9日	
12月10日	アロエヨーグルトの日
12月11日	胃腸の日
12月12日	明太子の日
12月13日	ビタミンの日
12月14日	南極の日
12月15日	
12月16日	
12月17日	
12月18日	
12月19日	
12月20日	ブリの日
12月21日	はんぺんの日
12月22日	スープの日
12月23日	
12月24日	クリスマスイブ、学校給食の日
12月25日	クリスマス
12月26日	ボクシングデー
12月27日	寒天発祥の日
12月28日	仕事納めの日
12月29日	福の日
12月30日	
12月31日	大晦日

1月

1月1日	正月、肉汁水餃子の日
1月2日	初売り、初夢の日
1月3日	
1月4日	
1月5日	初競りの日
1月6日	
1月7日	七草の日
1月8日	
1月9日	ジャマイカ ブルーマウンテンコーヒーの日、風邪の日
1月10日	明太子の日、ひものの日、糸引き納豆の日
1月11日	塩の日、マカロニサラダの日、樽酒の日
1月12日	いいにんじんの日
1月13日	
1月14日	マンリーデー
1月15日	いちごの日、フードドライブの日
1月16日	禁酒の日
1月17日	おむすびの日
1月18日	
1月19日	
1月20日	ぬか床の日、甘酒の日
1月21日	料理番組の日
1月22日	カレーの日
1月23日	アーモンドの日
1月24日	金の日
1月25日	ギョーザの日、ホットケーキの日
1月26日	コラーゲンの日
1月27日	求婚の日、国旗制定記念日
1月28日	逸話の日
1月29日	
1月30日	
1月31日	アロハの日、愛菜の日

※1月第2月曜日：成人の日

2月

2月1日	メンマの日、ゆでたまごの日
2月2日	麩の日、カップルの日
2月3日	節分、大豆の日
2月4日	
2月5日	煮卵の日、笑顔の日
2月6日	海苔の日、抹茶の日
2月7日	フナの日
2月8日	東京二八そばの日
2月9日	大福の日、肉の日
2月10日	フードの日
2月11日	わんこそば記念日
2月12日	黄ニラ記念日、レトルトカレーの日
2月13日	
2月14日	バレンタインデー、チョコレートの日、煮干しの日
2月15日	
2月16日	寒天の日
2月17日	千切り大根の日
2月18日	方言の日
2月19日	チョコミントの日
2月20日	
2月21日	
2月22日	おでんの日
2月23日	富士山の日
2月24日	
2月25日	
2月26日	
2月27日	
2月28日	ビスケットの日
2月29日	にんにくの日

3月

3月1日	マヨネーズの日、デコポンの日、豚の日
3月2日	ご当地レトルトカレーの日
3月3日	ひな祭り、ささみの日
3月4日	バウムクーヘンの日
3月5日	
3月6日	
3月7日	さかなの日、メンチカツの日
3月8日	レモンサワーの日、サワークリームの日、サバの日、 さやえんどうの日、餃子の日、土産の日
3月9日	雑穀の日、ありがとうの日、ミックスジュースの日
3月10日	砂糖の日、ミントの日
3月11日	
3月12日	スイーツの日、だがしの日
3月13日	
3月14日	ホワイトデー、キャンディーの日
3月15日	オリーブの日
3月16日	
3月17日	SDGsの日
3月18日	春の睡眠の日
3月19日	
3月20日	春分の日、サブレの日
3月21日	はじめようの日
3月22日	世界水の日、感動接客の日
3月23日	ホットサンドを楽しむ日
3月24日	
3月25日	
3月26日	食品サンプルの日
3月27日	さくらの日
3月28日	
3月29日	
3月30日	スポーツ栄養の日
3月31日	山菜の日

※春分の日の前後3日間:春のお彼岸

いわさき　グループの紹介

1932年（昭和７年）、「食品模型岩崎製作所」（大阪）の設立を祖とし、外食が産業化される前から、食品サンプルを中心にメニューや看板などを製作し、日本の各地の食文化の発展に貢献。

全国各地に営業所を配し、「繁盛のお手伝い」を旗頭に、時代と共に変化する需要、そして各地の地域特性、更に各飲食店の立地に即した食のあらゆる販売促進活動を支援する事業を展開し、現在に至る。

本書は、旭屋出版様の協力のもと、いわさきグループが年間を通じてお客様に定期的に配布している「繁盛のお手伝い」の一部を編纂し制作しました。日本の豊かな食文化を支える多くの外食店の発展に、一助を担えれば幸いです。

イワサキ・ビーアイ（株式会社 岩崎）
東京都大田区西蒲田 8−1−11
TEL 03-3732-3100㈹
www.iwasaki-bei.co.jp

株式会社 いわさき
大阪府大阪市東住吉区西今川 1-9-19
TEL 06-6714-2524㈹
www.iwasaki-ts.co.jp

日本全国どこからでも
0120 FreeDial 0120-37-1839
ミナ イワサキ

企　画　いわさき グループ
編　集　森 正吾　齋藤明子　髙橋友輝
装丁・デザイン　佐藤暢美

繁盛店の知恵から学ぶ
飲食店の「売り方・販促」工夫集139

発　行　令和6年7月29日　初版発行
著　者　いわさき グループ
発行者　早嶋　茂
制作者　井上久尚
発行所　株式会社 旭屋出版
〒160-0005
東京都新宿区愛住町23-2
ベルックス新宿ビルⅡ6階
郵便振替　00150-1-19572
販売部　TEL　03(5369)6423
FAX　03(5369)6431
編集部　TEL　03(5369)6424
FAX　03(5369)6430
広告部　TEL　03(5369)6422
ホームページ　https://asahiya-jp.com
印刷・製本　株式会社シナノ　パブリッシングプレス

ISBN978-4-7511-1524-4
Printed in Japan